邮票上的海上丝绸之路

MARITIME SILK ROAD ON THE STAMPS

福建省政协文史和学习委员会
福 建 省 集 邮 协 会 编

海峡出版发行集团 | 福建人民出版社
THE STRAITS PUBLISHING & DISTRIBUTING GROUP | FUJIAN PEOPLE'S PUBLISHING HOUSE

图书在版编目(CIP)数据

邮票上的海上丝绸之路/福建省政协文史和学习委员会，福建省集邮协会编. --福州：福建人民出版社，2018.11（2019.5重印）
ISBN 978-7-211-08054-0

Ⅰ.①邮… Ⅱ.①福… ②福… Ⅲ.①邮票—中国—图集 ②海上运输—丝绸之路—历史—中国 Ⅳ.①G262.2-64②K203

中国版本图书馆CIP数据核字（2018）第244674号

邮票上的海上丝绸之路
YOUPIAO SHANG DE HAISHANG SICHOU ZHILU

作　　者：福建省政协文史和学习委员会　福建省集邮协会　编
责任编辑：田成海　陈稚瑶　于荣生
出版发行：福建人民出版社
地　　址：福州市东水路76号
电　　话：0591-87533169（发行部）
网　　址：http://www.fjpph.com
电子邮箱：fjpph7211@126.com
经　　销：福建新华发行（集团）有限责任公司
印　　刷：深圳市国际彩印有限公司
地　　址：深圳市龙华新区大浪街道华霆路1号
开　　本：787毫米×1092毫米 1/16
印　　张：11.5
字　　数：181千字
版　　次：2018年11月第1版
印　　次：2019年5月第2次印刷
书　　号：ISBN 978-7-211-08054-0
定　　价：92.00元

《邮票上的海上丝绸之路》

CHINA
1.20元
中国邮政
夢想啟航

前 言

中国是一个有着5000多年文明史的礼仪之邦，同古代东西方各文明之间的商贸交往与文化交流源远流长。在中外物质和文化交流的历史进程中，丝绸之路发挥着极其重要的作用。

丝绸之路分为陆上丝绸之路和海上丝绸之路。陆上丝绸之路以长安（今西安）为起点，经甘肃、新疆，到中亚、西亚，并连接地中海各国。海上丝绸之路以广州、泉州等沿海港口为起点，东连朝鲜、日本，南经中南半岛和东南亚诸国，穿过印度洋，抵达西亚和非洲。

中国丝绸自古迄今闻名海外，在历史上也长期是中外贸易中的重要物品，以“丝绸”或“丝绸之路”作为中外交通的象征，获得了较为广泛的认可。虽然丝路有海、陆两道的概念直至1903年才由法国学者沙畹提出，但这条海上大通道早已存在并服务于中外贸易往来与文化交流长达2000多年。实际上，海上丝绸之路是古代中国与海外各国互通使节、贸易往来、文化交流的海上通道，中国古籍当中也早有记载，只是并未被冠以“海上丝路”的美称，后人或称之为“香料之路”“陶瓷之路”“白银之路”，反映了古代东西海路交往的发展变化，揭示了这条海路在不同时代的不同内涵。

先秦时代，中国沿海地区已经利用舟楫互通往来。秦代，徐福在秦始皇支持下组建了远洋船队入海求仙，这可能是中国最早的远洋船队了。至两汉三国，海外交往的发展促进了航海技术的迅速进步，其标志是风帆的改进、天文导航的发展等。由此，海上丝绸之路最早可追溯到周秦，至隋唐时兴起，到宋元已经空前繁盛，明初郑和下西洋是航海鼎盛时代的空前壮举。

1405年，郑和船队第一次远航，比哥伦布发现美洲早87年，比麦哲伦环游世界早114年，因此，郑和下西洋是标志着中国古代航海事业进入顶峰阶段的重大事件。郑和船队所使用的天文导航术（也称“过洋牵星术”），更是远洋航海史的历史性突破；《郑和航海图》则成为15世纪上半叶世界上最实用的航海资料。

海上丝绸之路的交流是双向的。在海丝的另一端，随着联络欧亚非三大陆的航海网络日益完善，阿拉伯人、波斯人、欧洲人越来越多地来到东方，交易货物，交流文化。如明末意大利传教士来到中国，使中国人了解了基督教文化及西方先进的科学技术。其中意大利人利玛窦入华，就把西洋的天文仪器、自鸣钟、地图、光学眼镜和图书资料等介绍到了中国。

19世纪中叶以来，福建、广东等沿海地区的人民沿着海上丝绸之路，大规模移民东南亚等地。他们从侨居地寄回家乡的“侨批”，也成为了海上丝绸之路的历史文化见证。

“长风破浪会有时，直挂云帆济沧海。”古代海上丝绸之路，是东西方勤劳勇敢的人们共同探索出的贸易与人文交流通路。而今，新的时代，新的挑战，新的机遇。“21世纪海上丝绸之路”将为我们描绘宏伟的蓝图！丝绸之路的精神将薪火相传，焕发新的生机活力，以新的形式使亚欧非各国联系更加紧密，推进人类进步，促进世界和平发展。

PREFACE

Being a land of courtesy with over 5, 000 years of civilization, China has a long history of commercial and cultural exchanges with both the East and the West. The Silk Road plays an extremely important role in the historical process of economic trade and cultural exchanges among China and foreign countries.

The Silk Road refers to both the terrestrial and the maritime trade routes: The Land Silk Road starts from Chang'an (now Xi'an), passes through Gansu and Xinjiang to Central and Western Asia, and connects the Mediterranean countries; the Maritime Silk Road starts from the coastal ports in Southeast China, such as Guangzhou and Quanzhou, connects with Korea and Japan in the East, passes through the Indo-China Peninsula and States in Southeast Asia in the South, crosses the Indian Ocean, and reaches Western Asia and Africa.

From ancient time to the present, Chinese silk has been well known at home and abroad, and has long been an important commodity in the history of Sino-Foreign trade. It is widely accepted to use the "silk" or "the Silk Road" as a symbol of Sino-Foreign transportation. Although the concept of "the Silk Road refers to both the land and the maritime trade routes" was not put forward until 1903 by French scholar Edouard Chavannes, this maritime route had already existed and served the Sino-Foreign trade and cultural exchanges for over 2,000 years. In fact, the Maritime Silk Road is the sea lane for ambassador exchange, trading and cultural communication among China and foreign countries in ancient times. It had been recorded in Chinese ancient books in a much earlier time, just not as the laudatory name— "Maritime Silk Road". The later generations also called it "Spice Road", "Ceramic Road" or "Silver Road", which reflected the development and changes of sea communication in the ancient East and West countries. Meanwhile, it revealed the different connotations in different eras.

In the Pre-Qin Period, ships had already been used in China's coastal areas. Xu Fu, a sorcerer of the Qin Dynasty, founded an ocean fleet to seek immortals in the sea with the support of Qin Shi Huang, which was probably the earliest ocean fleet in China. During the Western and Eastern Han Dynasties and Three Kingdoms, the development of overseas exchanges promoted the rapid progress of navigation, which was marked by the improvement of sails and the development of astronomical navigation. Therefore, the Maritime Silk Road could be traced back to the Zhou and Qin Dynasties at the earliest. It rose in the Sui and Tang Dynasties. By the Song and Ming Dynasties, there had been unprecedented prosperity. And in the early Ming Dynasty, Zheng He's voyages to the western oceans was an unprecedented achievement at the pinnacle of navigation.

Zheng He made his first voyage to the western oceans in 1405, which took place 87 years earlier than Columbus's discovery of America and 114 years earlier than Magellan's voyage around the world. Therefore, it was the important event which marked the peak of China's ancient maritime career. The astronomical navigation used by Zheng He's fleet (also known as "transoceanic astrometry") is a major breakthrough in the history of ocean-going navigation. And *Zheng He's Navigation Map* became the most useful navigation document in the world in the first half of the 15th century.

Exchanges on the Maritime Silk Road are two-way trade. With the development of the maritime network connecting the three continents of Europe, Asia and Africa, more and more Arabs, Persians and Europeans from the other end of the Maritime Silk Road came to the East to trade goods and promote culture exchange. For example, when Italian missionaries came to China in the late years of the Ming Dynasty, the Chinese people learned about Christianity and the advanced western science and technology. Among them, the Italian priest Matteo Ricci visited China and introduced western astronomical instruments, clocks, maps, optical glasses and books to Chinese people.

Since the middle of the 19th century, people in coastal areas such as Fujian and Guangdong migrated to Southeast Asia on a large scale along the Maritime Silk Road. "Qiaopi[1]" became a historical and cultural witness of the Maritime Silk Road sent by the overseas Chinese to their hometown.

"A time will come to ride the wind and cleave the waves; I'll set my cloudlike sail to cross the sea which raves." The ancient Maritime Silk Road is the route of trade and cultural exchanges that explored by the diligent and courageous people of the East and the West. There are new challenges and opportunities in the new era. "The 21st-Century Maritime Silk Road " will describe a new blueprint for us! With the Silk Road Spirit passed from generation to generation, we will instill vigor and vitality into the ancient Silk Road, connect Asian, European and African countries more closely to promote the progress of human civilization as well as the world peace and development.

1 A form of family correspondence combined with remittance sent by Chinese immigrants in Southeast Asia to their families at home.

目录

CONTENTS

壹
Chapter 1

桨声一片出江河

From rivers to the sea

远古的中华，人们从利用天然的浮具，到发明简单的工具，无不在探索水上交通的可能性。木板船与风帆的问世，推动了人类从江、河、湖迈向大海。秦代的徐福东渡，拉开了海上丝绸之路的序幕。作为史书记载的东渡第一人，徐福揭开了中国古代大规模航海行动的光辉篇章。

In ancient China, people explored the possibility of water transportation by using natural flotation materials and inventing simple tools. The advent of wooden boats and sails has brought people to the sea from rivers and lakes. In the Qin Dynasty, Xu Fu took a sea–voyage eastwards, which marked the beginning of the Maritime Silk Road. As the first person of sea–voyage eastwards recorded in the historical books, Xu Fu started a glorious new chapter of large–scale maritime activities in ancient China.

230分
CHINA
中国邮政
河姆渡遗址
浙江余姚
1996.5.12
河姆渡

1 水上交通工具的演变

The evolution of water transportation

天之涯，海之角，人类活动的边界，本就有无限想象的空间。人类与海洋接触的历史，几乎与人类自身的历史一样悠久。在茹毛饮血的蛮荒时代，人们就知道捡拾贝类和海藻充饥。随着远古先民的活动空间不断扩大，人们开始更频繁地接触海洋、探索海洋。从利用天然的浮具，到发明简单的水上交通工具，远古先民以非凡的勇气和智慧走向海洋，并将自己的生活与海洋更加紧密地联系在一起，为后世通过海洋走向更加遥远的地方奠定了基础。

水是人类生存的必要条件。在人类早期社会，人们大都聚集在有水的地方，以渔猎为生。在和大自然进行艰苦卓绝的斗争过程中，先民们观察自然，发现一些物体可以漂浮在水面，并开始认识和利用这些漂浮物。

最初的浮具，是未经过人类加工的水上漂浮物。浮具的出现，早于筏子和独木舟，是最原始的浮水工具。最早被人类发现并使用的浮具大概是倒伏的树干、脱落的树枝、随处可见的竹竿与芦苇等。这些浮具，也许曾在某些危急时刻让人免于灭顶之灾，进而被发现利用，使人们在风平浪静时可较为顺利地越过江河，到达彼岸。

“燧人氏以匏济水，伏羲氏始乘桴”，“匏”是一种葫芦，“以匏济水”描述了古人以葫芦作为浮具渡过深水的情形，这则记载说明，将葫芦作为浮水工具，似乎可以追溯至氏族公社开始的时代。《庄子・逍遥游》中也曾讲了这样一个故事：魏王送给惠子一粒葫芦种子，结出了一个能盛五石粮食的超大葫芦。看到这样的葫芦，惠子犯愁了，用这葫芦做水壶的话，盛了水也拿不起来；若是当瓢用，也似乎没什么东西需要这么大容器，因此认为这葫芦无用，想将它砸了。庄子听了之后说：“现在你有这么大的葫芦，为什么就不想到把它做成腰舟而浮游于江湖之上，却在担忧它大得无处可容呢？”

◎ 黄河（2015）：9-1大河之源 9-2九曲过城 9-3塞上江南 9-4河套穹野 9-5壶口金涛 9-6水环三晋 9-7山揽河洛 9-8中州水韵 9-9河清海晏

“黄河之水天上来”，粗犷、深厚、庄严、豪放的黄河是中华民族的“母亲河”，沃野千里的黄河流域是华夏文明主要的发源地。

◎ 有段石锛

有段石锛是一种制造独木舟的石器，考古发现其广泛分布于西太平洋沿岸濒江滨海地区。新石器时代东亚大陆沿海居民越海漂流，有段石锛也随之传播开去。

除葫芦外，皮囊、竹筒、蜂巢等也是很好的浮具，我国有些少数民族地区，至今仍在使用这些简单的人工浮具。如具有鲜明地域特色的渡水腰舟，是海南岛黎族特有的原始渡水工具之一，至今仍在使用，是史前水上交通工具中的“活化石”。

筏，是人们在不断的实践中，利用树干、竹竿与藤、绳固定、捆扎制作出的简易的水上交通工具。筏的创造凝结着上古先民的勇气和智慧。

筏具有很多独特的优点：易于取材，制作简便，操纵灵活，负荷较多。配置篙、桨，还可以控制方向。因而，筏自诞生以来，一直是重要的水上交通工具，直至今天，我们仍可看到它们的身影。

筏的形式是多种多样的，各地所使用的筏也不尽相同：江南多木筏，漓江为竹筏，黑龙江鄂伦春族使用桦树皮筏，藏区使用牦牛皮筏，黄河九曲地区则是羊皮筏更多见。

在我国东南沿海的广东、福建、台湾、浙江等地，考古均发掘出远古的生产工具有段石锛，这种工具可用于制作独木舟。浙江河姆渡文化遗址中发现的距今约7000年的柄叶连体船桨，福建连江出土的距今约2200年的独木舟，都让我们对古人的智慧肃然起敬。东南沿海先民逐岛迁移，越海漂流，独木舟的制作技术也随之传至太平洋各岛。

筏和独木舟可以使人们跨越水域，征服自然，进行海上捕捞和迁徙航行。它们作为远古祖先最简陋也是最重要的渡水运载工具，为之后制造各种样式的船只奠定了基础。

不过，独木舟的容量毕竟有限，随着渔猎活动规模的扩大，人们开始在独木舟的四周加上木板，以增大容量。传说大禹曾命令船匠设计更为轻便、容量更大的木板船。生活在水上的舟人，也在长期的实践中发明了帆。帆的发明据说是受一种鲎鱼的启发。鲎鱼形状扁而宽，鳍长在背上，每当有风吹来的时候，它的鳍就高高挺起，借助风力前进，没有风的时候，它的鳍就收拢起来。船上有了帆，就大大提高了前进的速度。这是船舶推进动力的一次飞跃，也是人类对自然风力资源的一次具

◇
河姆渡遗址（1996）：
4-1稻作农业
4-2干栏建筑
4-3划桨行舟
4-4崇鸟敬日

◯ 神话—八仙过海（2004，小型张）

有创造性的开发与利用。而且船上使用了风帆，就可以因风致远，使航海范围日益扩大，向大海的深远处发展。

曾经，狂野的大海令人生畏，似乎只有借助神仙法术才可以自由往来于海上，民间广为流传的神话故事“八仙过海”，就将渡海视为一种神通。但随着水上交通工具的发展，人类也在不断突破自身的局限。

在漫长的历史演变过程中，华夏先民不断地对船的外形乃至性能进行改造。古代文献中记载有“番禺始作舟”，又说黄帝的两个大臣“共鼓、货狄作舟”，或说“巧垂作舟”。有的文献称颛顼发明了桨和篙，帝喾发明了舵和橹，尧发明了纤绳。这些资料说明，舟船是上古先民在长期的社会实践中发明制造出来的，并在使用的过程中不断得以改进和完善。

夏商周时代，人们已开始在近海沿岸航行，但当时的导航是比较原始的，基本是靠记忆沿岸的地形地貌特征。但无论如何，从中国沿海向东和向南的海上交通，已经逐步得到开辟和利用。

春秋战国时期，各诸侯国交往频繁，战争和商贸的需要，促进了造船与航海业的迅速发展，此时既出现了商船和战船的区别，也先后出现了一些海上强国，如齐国、吴国和越国。齐国最强盛的时期，控制着环绕山东半岛及渤海的航线，势力一度远达东海和钱塘江口。吴王夫差在北上争霸的过程中，开凿了沟通江淮的邗沟；吴国战船有大翼、中翼、小翼、突冒、楼舡、桥舡等不同类型，更有指挥旗舰“艅艎”（即“余皇”）。古越人“水行而山处”，造船技术较为娴熟，既能造出适于海战的戈船和楼船，也有大量民用的扁舟、轻舟、舲等。孔子有“道不行，乘桴浮于海”之语，《说苑》记“齐景公游于海上而乐之，六月不归”之事，就说明当时的航海已有相当程度的发展。

在长期的航海实践中，人们开始利用太阳、月亮和某些星辰的出没规律来辨别方向，初步的天文定向、地文定位、海洋气象等知识在指导出航、返航和捕捞等活动中起着越来越重要的作用。

到秦汉时代，造船航海技术更加成熟，楼船成为这一时期造船技术的代表，

◯ 战国时期羽人竞渡纹铜钺

羽人竞渡纹铜钺，正面纹饰的上部是两条龙，下部以弧形边框线为舟，四个于越族古代先民，头戴羽毛高冠，双手持桨，奋力划船，生动形象地记录了中国古人的航渡活动。

◯ 西汉时期的独木舟

◇ 东汉楼舱式陶船

桨、橹、船尾舵、风帆等船舶推进工具日益完善并得到广泛使用，出现了较大规模的海上运输、越海航行、远洋探险以及海外贸易活动。在三国两晋南北朝时期，东吴船队多次巡航东南沿海。另据刘宋时僧人竺枝撰写的《扶南记》记载，当时，中国人已经了解了从印度前往波斯湾沿岸的海上航线。

古代远海航行的主要动力是风力和洋流，其中以风力为主。到魏晋南北朝时期，各国商舶“泛海凌波，因风至远”，此时东南亚、印度洋诸国商贾也已经广泛利用季风航海，古籍中关于利用季风规律航海的记载渐多。

2 江河入海：早期的航海尝试

Early attempts to sail from rivers to the sea

大海，在古代中国，既是天地的尽头，也是家国的边缘，同时又是一个变幻莫测、绚丽多彩的神奇世界。茫茫大海，碧波万顷，像一首雄浑的乐章，一曲生命的交响乐。“平生爱大海，披月乘风来。脚踏惊涛浪，心随鸿雁飞。”古往今来，神秘的大海既让人畏惧，又令人心生向往。徐福作为有文献记载的东渡第一人，揭开了中国古代大规模航海行动的光辉篇章。

在徐福出海以前，中国近海的航线已有发展，经海路抵达今天的朝鲜半岛、日本列岛和中南半岛已见诸记录。同时，国内沿海地区海上交流往来的航线也已较为成熟。比如南方的越族先民傍水而居，依水而生，古人说他们“水行而山处，以船

秦始皇陵兵马俑
（1983，小型张）
秦始皇陵兵马俑是以陶土烧制的兵马群塑，是秦始皇的随葬物品之一，再现了秦军横扫六国的威风，被誉为“世界第八大奇迹”。

◇ 秦始皇陵兵马俑（1983）：
4-1群俑
4-2陶俑
4-3兵马俑
4-4兵马俑坑俯视图

为车，以楫为马，往若飘风，去则难从”。越王勾践为称霸中原而迁都北方的海港琅琊，正是借助大规模浮海北上的水师。因此，到徐福出海的时代，我国近海地区已经具备了较大规模航海的条件。

徐福，又作徐市，齐地琅琊人，秦代著名方士。据传，他师从鬼谷子，博学多

◇ 秦始皇陵铜车马（1990，小型张）

◇ 灵渠（1998）：
3-1铧嘴及天平
3-2秦堤
3-3陡门
秦始皇平定百越后，下令开凿沟通湘水和漓水的灵渠，打通了南北水上通道。

才，通晓医学、天文、航海等知识，且同情百姓，乐于助人，故在沿海一带民众中名望颇高。徐福出山时，正值秦始皇登基前后。

秦始皇嬴政原是战国七雄之一的秦国的王，他任用丞相李斯，励精图治，组织精锐力量，采取各个击破的策略，在十年之间，先后灭韩、赵、魏、楚、燕、齐等东方六国，终建立中国历史上第一个统一的、多民族的中央集权制国家。

秦始皇非常重视航海。统一全国后他曾多次巡视各地，每至海边，必停留较长时间。秦始皇的巡海之举，不仅促进了航海事业的发展，也为拓展疆域、扩大对外交往、促进海外贸易打下了坚实的基础。

公元前219年，秦始皇第一次巡视海疆。他先上邹峄山（今山东邹县境内），立石颂功德，然后封泰山、禅梁父，再东游海上，到渤海湾的黄、腄两港，又往东至成山、芝罘。

据说秦始皇登芝罘岛时巧遇“海市蜃楼”，只见云海间山川人物时隐时现，蔚为壮观，令他心驰神往。徐福等人乘机上书说，海中有三座神山，分别叫作蓬莱、方丈、瀛洲，山中有仙人及不死药，服用不死药便能长生不老。从徐福等方士的口中，秦始皇第一次得知在他的一统天下之外，居然还有不为他所知的海外仙岛，有他梦寐以求的长生不老药，诱人的故事激发秦始皇探索海疆、寻仙问药的强烈欲望，他当即下令派徐福出海。

徐福第一次出海回来后，称蓬莱仙山确实有仙药，但海神以礼太薄为由，拒绝给予仙药。对此，秦始皇深信不疑，进而增派童男童女三千人及工匠技师，另备好谷物种子，令徐福再度出海，他自己则南行到琅琊港等候徐福的归来。为了迎接神仙，秦始皇特地建起了琅琊台，并下令从内地迁徙百姓三万户于琅琊台下，免征十二年赋税，以便神仙到来时可以看到他治下百姓安居乐业的景象。他在琅琊等候了三个月，不得徐福消息，才怅然返回咸阳。

徐福出海以后没有归来，茫茫大海，给后人留下了无尽的想象空间：传说他带领船队到达了日本并繁衍生息，日本开国之祖即第一代天皇——神武天皇，就是徐福；也有人甚至怀疑徐福只是路过日本列岛，最后到了

◇ 日本和歌山徐福公园

美洲，其东渡的时间与美洲玛雅文明的兴起相吻合。这些传说，虽在中日两国民间广为流传，但目前仍缺乏具体、完整的证据链。不过，在徐福东渡的时代，中日之间已经开始通过海路产生交流则是不争的事实。

徐福东渡已不仅仅是一次单纯的海外航行尝试，而演变成了东亚国家友好交流的象征，成了一种精神寄托和力量。1376年日本僧人绝海中津觐见明太祖朱元璋时，曾赋诗提到“熊野峰前徐福祠”，说明在此之前日本熊野已有徐福祠了。日本和歌山县新宫市徐福墓常有人来参拜，献上鲜花。当地群众每年9月还要举行盛大的“徐福祭”，纪念这位传说是两千多年前来到日本的中国友好使者。日本民间传说徐福一行在九州或纪州定居后，就向当地居民传授农耕、纺织、冶炼、捕鲸等技术。九州佐贺县的金立神社把徐福尊为农耕、养蚕、医药之神，本州山梨县的浅见神社则把徐福尊为机神（即纺织之神）。

公元前3世纪左右，日本列岛的社会生产力发展也确实发生了一次突变，由以采集、狩猎、捕捞为主，快速进化到以种植水稻等农耕手段为主。在九州和本州西部的弥生初期遗址里，不仅有中国大陆传去的陶器、铁器、青铜器（如铜剑、铜矛等），还发现具有中国华北人特征的人骨。这与徐福东渡带去童男童女、水手工匠以及谷种、工具、武器的记载和传说是一致的。

因为史料的缺乏，徐福东渡的很多问题尚无定论，但徐福无疑是秦代探险的先驱，是中国先进文化的传播者，也是一位伟大的航海家。这位伟大探险家的名字随着航海东渡而享誉中外，在当时简陋的航海条件下，他毅然扬帆东征，去寻找传说中的蓬莱三山，这一壮举在中华文明史上占有重要的地位，也开启了东北亚地区海上贸易和文化交流的先河。

◎ 种植水稻（日本琉球，1971）

◎ 脱谷（日本琉球，1971）

◯ 航海（日本，1959）

传说中徐福东渡的近海航线，后来一直是中国、朝鲜、日本三国人民互相沟通的重要海上通道，《三国志·魏书·东夷传》和《新唐书·地理志》还详细记载了古代中、朝、日海上航路的具体路线，即从山东半岛的登州（州治在今蓬莱市）出海，经庙岛群岛，到辽东半岛后，再沿海岸线南下至朝鲜南部沿海，过对马岛，至日本九州。朝鲜半岛诸国、日本与中国的官方往来，包括朝贡贸易等最初大都走这条航线。

后来，随着航海技术的提高，到三国时期，东吴还三次出动大规模船队向东远航，当时虽未到达日本，却为南朝时开辟中日南道航线打下了基础。这条中日南道航线，是从建康（今南京）出发，过长江口和山东成山，然后横渡黄海，经朝鲜南部和对马岛，到日本福冈，过关门海峡和濑户内海，最后到达大阪。这条航线要比中日北道航线近得多，当然航海技术方面的要求也更高。南朝的刘宋时期，日本曾先后八次遣使者经南道航线来中国献方物、求诏封。交往中除了中国的文化和生产技术大量传入日本外，梁武帝时汉人司马达还把印度的佛教带到日本，从此日本文化又受到佛教的影响。

◯ 遣唐使船（日本，1975）

◯ 遣明船（日本，1975）

贰

Chapter 2

商路新途通四海

New trade routes leading to the whole world

随着张骞出使西域，誉满全球的古代丝绸之路逐渐成形，古代中西文化的接触与交流进一步发展。另一方面，东西方海上运输大动脉——连接欧亚大陆的海上丝绸之路也被疏通。在陆海两条丝绸之路的影响下，不同国家、不同地区和不同民族之间互通有无，促进了不同文明的互动，推动了人类文明的不断进步。

Following Zhang Qian's mission to the Western Region, the world-renowned ancient Silk Road gradually shaped, increasing contacts and exchanges between ancient Chinese and western culture. Meanwhile, the east-west maritime transport artery—the Maritime Silk Road that connects Eurasia—has also been opened. Under the influence of the two silk roads, business and culture trade among different countries, regions and peoples has promoted the interaction and continuous progress among different civilizations.

絲綢之路
6
CHINA 中国邮政

1 陆海丝路：连接欧亚的通途

The Land and Maritime Silk Roads–the link between Europe and Asia

在辽阔的欧亚大陆上，东西方文明相对独立地发展起来；但另一方面，生活在同一个地块上的欧亚各民族，发展出的文明虽各有特色，却从来就不是绝对封闭或孤立的。古代中西文化的接触和交流，源远流长，我们甚至可以从我国古代神话传说中，寻觅到东西方交流的印记。

最早的交流，从互通有无开始。欧亚草原上散居着许多惯于长途迁徙的游牧部落，他们充当了早期中西交流的中介人，使古代中国同西亚、南亚、欧洲，乃至北非，通过历史上最古老的贸易通道——“草原之路”进行交流。

秦的统一和汉帝国的强盛与繁荣，开启了中西交通与文化交流新的纪元。

秦始皇统一中国后，实现了“车同轨”，修筑了以驰道为主的全国交通干线；汉朝在原有道路基础上继续扩建延伸，构成了以京城长安（今西安）为中心，向四面辐

◇ 丝绸之路（2012）：4-1千年帝京 4-2大漠雄关 4-3神秘故国 4-4西域胜境

射的交通网，为内联外通打下了坚实的基础。

汉代初期的君主多实行轻徭薄赋、与民休息的政策，大力发展经济。经过文帝、景帝时期的整治，汉朝进入了稳定的发展期。“至武帝之初七十年间，国家亡事，非遇水旱，则民人给家足，都鄙廪庾尽满，而府库余财。京师之钱累百巨万，贯朽而不可校。太仓之粟陈陈相因，充溢露积于外，腐败不可食。”至汉武帝时期，大汉王朝国势强盛。

张骞出使西域，是汉王朝势力扩张的战略安排。当时，北方草原的游牧民族匈奴强大起来后，屡次进犯边境，并控制西域，对西汉政权构成极大的威胁。汉武帝刘彻想联合匈奴的世敌大月氏共同抗击匈奴。与大月氏取得联系、互通往来的任务落在了张骞身上。建元二年（前139），张骞奉命出使西域。虽然此次出使并没有达到目的，但建立了汉朝与西域各国的联系。

元狩四年（前119）张骞第二次出使西域，沿途通好西域各国，加强了相互之间的正式联系。此后，中国经由这条通道，同中亚、西亚以至南欧的直接交往也建立并密切起来。这条道路，因丝绸的贸易占了很大比重，被后世称为“丝绸之路”，

○ 河西走廊西部的悬泉置遗址

悬泉置，汉至魏晋时代驿站的古遗址，位于甘肃省敦煌市东北约64公里的戈壁滩上。遗址中出土了大量遗物，其中的木简文书，以邮驿文书为主，足以证明这里是汉晋时期丝绸之路上的一座重要邮驿站点。

◇ 汉画像石（1999）：6-1牛耕 6-2纺织 6-3舞乐 6-4车马出行 6-5荆轲刺秦王 6-6嫦娥奔月

成为联结东西方的古代交通大动脉。这条陆上通道，以汉朝的都城长安为起点，沿渭水西行，过了黄土高原，经河西走廊到达敦煌。由敦煌西行则分成南北两条道路：南路出阳关，沿今塔里木盆地南沿、昆仑山北麓，经古楼兰、和田等地到达喀什。北路出玉门关，沿今塔里木盆地北沿、天山南麓，经过今吐鲁番、库尔勒、阿克苏等地到达喀什。南北两路在喀什汇合后，继续往西，登上帕米尔高原。然后经阿富汗、伊朗和中亚诸国，再过地中海，到达罗马和威尼斯。

◇ 张骞像（2017，小型张）

张骞的“凿空”之功，对开辟从中国通往西域的丝绸之路有卓越贡献，至今

◇ 张骞（2017）：
2-1凿空西域
2-2开辟丝路

◇ 汉武帝

举世称道。沿着这条大道，我国大量的丝织品源源不绝地运往中亚、西亚以及更遥远的西方；铸铁、冶炼、凿井和建筑技术等也随之西传。西方的物产，如良马、骆驼、葡萄、苜蓿、石榴等，以及西域的音乐、舞蹈也接踵东来，丰富了我国人民的物质生活和精神生活。

在张骞第二次出使西域之前，公元前114年，汉武帝平定南越后，同样以官方力量推动了新的中外交往通道的开辟——海上丝绸之路南海航线逐渐成熟。

西汉时代，我国的造船技术已有相当发展。当时，人们已能根据不同的用途和需要造出各种类型的船，如民用船有舸、艑、艇、扁舟、轻舟、舲舟、舫舟等；战船则有戈船、桥船、斗舰、艨艟、楼船等，而尤以楼船为代表。楼船以船上能起高楼而得名，设备齐全，已配备有纤绳、楫、橹、帆等行驶工具。楼船是汉代造船业高度发展的重要标志。

汉武帝凭借强大的国力，逐步完成了对东瓯（今浙江东南部）、闽越（今福建）地方割据政权的统一，巩固了海疆，为东南与南方沿海航路的畅通打下了基础。同时，汉武帝获悉，在南越的一些港口，一些船只经常带着中国的丝绸出海，驶向印度半岛南部，之后再以该地为中转站，将货物运往西亚及欧洲各地。

因此，在平定南越之后，汉武帝在该地区设郡置县、建造港湾，并派遣译长带领招募来的人员从雷州半岛出发，探查海上通往南方和西方的通

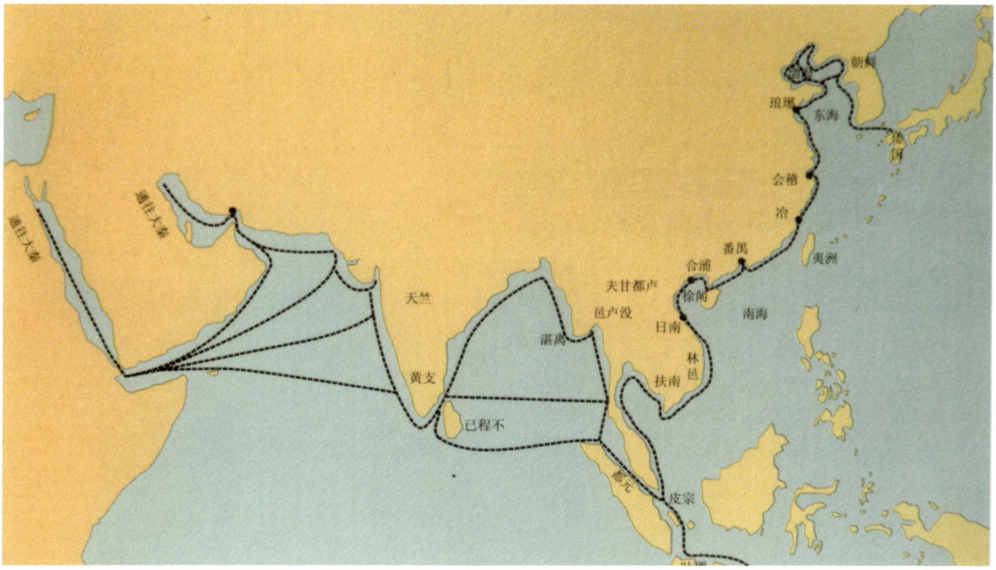

◯ 秦汉时期海上丝绸之路示意图

道。他们一般经由日南（今越南广治省）、徐闻（今广东徐闻县）与合浦（今广西合浦县）出海，根据民间开辟的航线，沿着北部湾西岸和越南海岸来到泰国湾，顺着马来半岛东海岸进入马六甲海峡，到达苏门答腊岛东北部；再沿马来半岛西海岸北上，前往缅甸南部；之后沿印度半岛东岸向西南航行，最后来到印度半岛南部和斯里兰卡。译使出海时，携带黄金、丝织品等，从那些国家换回明珠和其他奇珍异宝。

在这条通往东南亚和南亚的航线上，沿途有众多国家，据《汉书·地理志》记载，有都元国（在马来半岛，一说在苏门答腊岛）、邑卢没国（今缅甸勃固附近）、谌离国（在今缅甸伊洛瓦底江三角洲）、夫甘都卢国（今缅甸太公城）、黄支国（今印度建志补罗）、已程不国（今斯里兰卡）等，这些国家和徐闻、广州等港口均有贸易来往。

正当汉朝在欧亚大陆的东端兴起之时，在欧亚大陆的西端，罗马人也在快速扩张。罗马人于公元前30年灭了埃及托勒密王朝后，通过红海进入印度洋，开始向东方推进。据古罗马地理学家斯特拉波讲述，在托勒密王朝统治时期，只有少数几条船冒险驶往印度，但在罗马统治下，每年驶往印度的船只达120艘之多，其中有的商

◇ 广西合浦出土的西汉羽纹铜凤灯（极限片）

人还到过恒河流域。

公元1世纪，罗马人掌握了印度洋上的季风规律，并借助季风横渡阿拉伯海，往返于红海与印度之间，而不是像以前那样仅仅沿着印度洋的海岸线航行。为了寻求财富，来自罗马帝国的一些商人甚至远航到印度半岛东南沿海，建立起贸易据点。

汉代中国人由东向西拓展，来自欧洲的商人自西而东航行，最后以印度半岛为中介地，从而使海上丝绸之路延伸到波斯湾、红海一带。这是世界历史上第一条跨越印度洋的海上航线，也是当时地球上最长的航线。古罗马著名学者普林尼在《自然史》中曾记载：“中国和来自埃及、希腊的商人在阿里卡曼陀（今印度东南海岸）沟通两国贸易，交换的商品包括

◇ 合浦出土的东汉胡人佣陶座灯

蓝宝石、明珠、香料和各种珍贵的丝织品。”

在《魏略·西戎传》中记述了当时大秦（罗马帝国）直通中国的两条主要海道：一条是以今缅甸南部为海行终点，然后经伊洛瓦底江等河谷北上，进入我国西南部，通过云南的永昌郡与内地沟通；一条是到达缅甸后继续沿海路向东，航行到今北部湾附近的海岸，由此，人员和货物可以直航来到中国。

随着以汉帝国为一端、以罗马帝国为另一端的海陆两途丝绸之路的发展与繁荣，中西文化交流也出现了历史上的第一次高潮。

2 丝绸：东方绚丽的朝霞

Gorgeous silk of the East

公元前1世纪，当恺撒大帝身着紫红色丝绸袍服出现在罗马剧场的时候，全场观众顿时沸腾了。轻柔无比、艳丽华贵、光彩夺目的丝绸，让崇尚奢华的罗马贵族为之震撼。丝绸是中国的特产，被称为“东方绚丽的朝霞”。罗马人狂热地迷恋着中国丝绸，称中国为“赛里斯”（Seres），就是源于“丝”（Ser）产自中国。

丝绸是各种蚕丝织品的总称，品种繁多，名目各异。人们常用“绫罗绸缎”来形容人穿着之华丽与富贵，而绫、罗、绸、缎实际上只是丝绸中的几大种类，古代丝织物中具有代表性的还有纱、绮、绢、锦等。精美绝伦的丝绸将古老的华夏文明烘托得更为绚丽多彩。

远古时代，居住在黄河中下游地区的华夏祖先，最初以兽皮、羽毛、树叶等遮蔽身体。相传黄帝之妃嫘祖发现桑树上有蚕吐出丝将自己包了起来，从中受到启

◯ 养蚕（极限片）

钱山漾出土的丝织品

浙江湖州钱山漾遗址出土的淡褐色绸片，经测定距今已有4200至4400年，是人类利用家蚕丝纺织的最早现存实例，表明中华民族在新石器时代即已掌握养蚕织丝技术。

发，开始教导人民养蚕缫丝，肇造衣饰文明。

在新石器时代的文化遗址中，便有蚕茧及丝织品出土。如：1926年在黄河流域的山西西阴村仰韶文化遗址曾发现大半个桑蚕茧壳和一个纺轮。1958年在浙江省吴兴县钱山漾新石器时代遗址最下面的文化层中，还发现过一批存放在竹筐中的丝麻织品，其中有平纹残绸片，蚕丝编的丝带，以及用蚕丝纺捻而成的丝线，这是迄今为止发现的人类利用家蚕丝纺织的最早丝织品实物。钱山漾丝织品的出土，再一次证实了我国缫丝织绸的悠久历史，同时也说明我国早在新石器时代，就已经开始相对广泛地生产丝绸了，除了中原地区已经具备一定的蚕织技术之外，较远的长江流域也掌握了这一技术。

商代留下的甲骨文中，保存有数百个与蚕有关的字。当时，养蚕已很普遍，人们已熟练地掌握了丝织技术。随着织机的改进，提花装置的发明，这时的丝织品已经有平纹、畦纹、文绮三种织法。加上刺绣与染彩技术的逐渐成熟，服饰也日益考究。史载，商纣王曾一次性赏赐给300名宫女大量丝织品，足以说明当时的丝绸业已具相当规模。

“氓之蚩蚩，抱布贸丝”，《诗经》中不少篇章也都叙述到丝。春秋战国时期，山东半岛、中原地区，以及长江沿岸各地就已是我国丝绸生产较为集中的区域。齐国都城临淄（今山东淄博市）生产的罗、纨、绮、缟等丝织品，工艺精美，色泽绚丽，号称“冠带衣履天下”。随之，襄邑（今河南睢县）也发展成为纺织中心，以生产各种锦类著称。

秦汉时期，丝织品产地东自山东，西及甘肃，南起海南，北到内蒙古，覆盖面相当广。最兴盛的丝绸产区是黄河中下游以临淄和襄邑为中心的山东、河南、河北的接壤地区；次则为渭水流域、山西中部和南部地区。当时的临淄、襄邑和东阿（在今山东阳谷县）等地都生产过不少优良产品。左思曾在《魏都赋》中对当时各地丝织名产有一总结：“锦绣襄邑，罗绮朝歌，绵纩房子，缣总清河。”

汉代丝织品丰富多样，有纨、绮、缣、绨、素、缟、绸、绫、纱、罗、缎、锦、绣等。其中尤以纱盛行，纱的质地松软，轻薄如纸。1972年在湖南长沙马王堆一号墓出土的一件纱衣，衣长128厘米，袖通长190厘米，其重量仅49克，还不到一两，可见当时工艺水平之高。长沙马王堆汉墓出土的纺织品品种之多，数量之大，保存之完好，在考古发掘中都是十分罕见的。其中有丝织的服装、鞋袜、手套等一系列服饰以及整幅的或已裁开不成幅的丝绸和一些杂用丝织物。这些丝织物品种有纱、绢、罗、锦、绮、绣等；织物纹样有云气纹、鸟兽纹、文字图案、菱形几何纹、人物狩猎纹等，巧夺天工，令人叹为观止。

○ 捣练图（2013）：
3-1捣练图（局部）
3-2捣练图（局部）
3-3捣练图（局部）

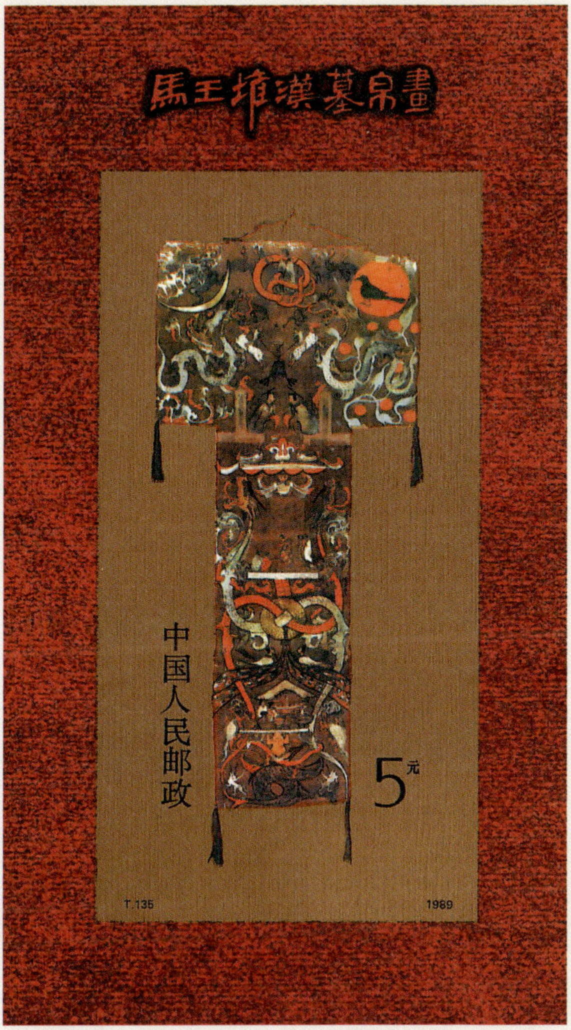

◇ 马王堆汉墓帛画（1989，小型张）

◇ 马王堆汉墓帛画（1989）：
3-1天上
3-2人间
3-3地下

◯ 云锦（极限片）

我国古代的丝绸生产历史悠久，品种繁多，在中国乃至世界丝绸文化史上都占有重要地位。从汉代开始，先后出现了“四大名锦”，即蜀锦、宋锦、云锦、壮锦，以及“五大名绣”，即苏绣、湘绣、粤绣、蜀绣、陇绣。它们是我国丝绸文化的杰出代表，亦是“锦绣中华”的象征。

中国丝绸誉满天下。据记载，色彩斑斓、轻柔无比的丝绸于公元前4世纪传入印度和西方各国。它一传到西方便让西方人为之倾倒。罗马的贵族妇女，以能穿上中国丝织的透明衣裙为荣，中国丝绸成为罗马帝国最重要的奢侈品之一。丝绸的价格因之被炒到每磅约12两黄金的天价。

从汉代到隋唐时期，中日两国交往密切。据日本

◇ 纺织（日本琉球，1971）

古史记载，西汉哀帝年间，中国的罗织物和罗织技术已传到日本。公元3世纪，中国丝织提花技术和刻版印花技术传入日本。隋代，中国的镂空版印花技术传到了日本。

隋唐时期，日本使节和僧侣频繁往来中国。他们在浙江台州获得青色绫，带回日本作样板，仿制彩色锦、绫、夹缬等。唐代，江浙出产的丝绸直接从海上运往日本，丝织品已开始由礼物转变为商品。

奈良正仓院是贮藏官府文物的场所，如今已成为日本保存中国唐代丝织品的宝库，其中就有不少藏品，如彩色印花锦缎、狮子唐草奏乐纹锦、莲花大纹锦等，今天即使在中国也很难见到。

自唐代以后，中国丝文化的西传，更多地表现为丝织技术的西传。早在6世纪，中国的丝织技术就传入拜占庭帝国，并从那里传到伯罗

◇ 刺绣（土耳其，1994）

◇ 英国中世纪刺绣艺术品（英国，1976）

奔尼撒地区。怛罗斯战役之后，被俘唐军士兵中的丝匠和络匠被送到阿拉伯地区，进一步促进了那里丝织技艺的提高。制造锦缎等高级丝织品的手工业在西亚地区迅速发展起来。在今天叙利亚、伊拉克等地的许多城市，都开起了工艺高超的作坊，织造色泽鲜艳的锦缎、壁毯等。此后，丝织技术经由阿拉伯人传入西班牙和西西里，并从西西里岛向欧洲各地传播。

古老的丝绸为中华民族文化织出了光辉的篇章，对促进人类文明发展做出了不可磨灭的贡献。千百年来，丝绸沿着陆上和海上两大丝绸之路源源不断地被运送到世界各地，所带去的不仅仅是尊贵华丽的服饰，更是东方古老灿烂的丝绸文化。

3 香料：海外迷人的味道

Fascinating spice from abroad

“天香开茉莉，梵树落菩提。”陆上丝绸之路这条文明交流的大动脉，输出了丝绸、陶瓷等货物，也促使一大批动植物传入中国内地，如骆驼、大宛马、葡萄、苜蓿、胡萝卜、石榴、菠菜等，但历史天空变化无常，通往西域的陆路交通在两汉以后变得动荡不安，商旅跋涉困难，陆上丝路开始逐步衰落。而汉代开辟的海上交通线路，在中外文明交流中却日益发挥更加重要的作用。

◇ 水果（一）（2014）：4-3石榴

历史的兴替变化是十分奇妙的。沙漠上的串串驼铃声消逝于遥远的静谧之地时，大海波涛则带来中外通商的另一种生机和活力。汉末三国至隋统一前的三个多世纪中，陆路交通因南北分割而受阻，北方战乱不断，使海上交通逐渐成为南方政权对外交往的主要渠道，海上贸易有了较大发展。这一时期，贸易的港口从徐闻、合浦转移到经济条件更好的交州（州治在今越南河内市）和广州等地，贸易条件得到改善，来华贸易的外国商人数量明显增长。孙权黄武五年（226），有位名叫秦论的罗马商人到达交趾（一般认为在今越南中部、北部），被辗转送去谒见孙权，并比较详细地回答了孙权提出的许多关于罗马帝国风土人情的问题。大约同时，孙权派朱应、康泰率使团出访海外诸国。

◇ 水果（二）（2016）：4-2葡萄

◯ 汉代错金博山炉（极限片）

随着海上丝绸之路的发展，中外文化交流通过海上通道得以展开，传入中国的物品，除珠宝、织物以及象牙、犀角等，尤以各种香料的输入最具代表性。

香料主要产于东南亚、南亚地区，在当时还属于奢侈品。香料的输入起初更多地为贵族阶层服务。香料经海上丝绸之路进入中国南方沿海地区，进而传入中原的记载，也得到了考古发掘的印证。比如，中国原本没有燃香的习俗，而南越王墓中曾出土五件四连体铜熏炉，炉体由四个互不连通的小盒组成，可以燃烧四种不同的香料。这种香炉正是很有代表性的南越盖豆式熏炉。在汉晋时期，中原流行博山式熏炉。考古发现和文献记载都说明，南越盖豆式熏炉在先，中原博山式熏炉在后，说明熏香习俗由海外输入的路线是先至广东，后传至中原。在广州地区汉墓出土物中，发现熏香炉多达200余件。熏炉的普遍存在，说明熏香已经成为南越国贵族阶层的生活习尚。

汉代从域外传入的香料中，以胡椒在社会生活中的影响最大也最有名。“胡椒”的“胡”表明其来自域外。胡椒传入后，曾一度被用于宫室装饰，据说，以之

◯ 香料（马来西亚，2011，小型张）

◯ 胡椒（印度尼西亚，2016）

和泥涂饰墙壁，既有温暖、芳香的奇效，还寄寓着子多福多的美好愿望。西汉未央宫、长乐宫均有椒房，椒房多是皇后居处，所以从汉代开始，把后宫称为椒房，“椒房”一词因此逐渐成为后妃的代称。

胡椒是古代印度大量出产的著名香料，不仅传入我国，而且也和中国的丝绸一样，远销欧洲。胡椒的移植、贸易和扩散是促进东西方文化交流的一个重要方面，从印度洋向东至中国南方沿海地区和经红海至地中海的海上通道因此又称“香料之路”，对中国丝绸和印度胡椒的追求是欧洲人进行东方贸易的重要动力。

除胡椒之外，域外“异香”还有郁金香、迷迭香、丁香、乳香等。

郁金香，别名郁香、红蓝花、紫述香、洋荷花等，其确切起源难以考证，一般认为原产于地中海沿岸的土耳其，随着土耳其人的迁徙与奥斯曼土耳其帝国的发展来到中东，并在土耳其与欧洲其他国家的往来中逐渐发展成为欧洲的流行风尚，现

◯ 郁金香（芬兰，2011）

◯ 郁金香（日本，2012）

◯ 郁金香（荷兰，1952）

在以荷兰郁金香最为著名。郁金香至迟在汉代时已零星移植至中国，东汉朱穆的《郁金赋》中透露："众华烂以俱发，郁金邈其无双。比光荣于秋菊，齐英茂乎春松。"这景象如果不是出于文学家的想象，那么郁金香似乎在东汉晚期已经出现在中国了。郁金香所散发的香气，使人为之倾倒，西晋傅玄作《郁金赋》，把郁金香与外来的苏合香相比，"气芳馥而含芳，凌苏合之殊珍"。西晋时期的左芬在《郁金颂》中赞叹说，"伊此奇草，名曰郁金，越自殊域，厥珍来寻"，明确指出了郁金香是从域外输入的。

迷迭香的香气浓郁，传说古代匈牙利女王喜欢用迷迭香泡澡。除此以外，它也有"海上灯塔"之称，据说当外出的船迷失方向时，迷航的水手可以凭借着这浓浓的香气来寻找陆地的位置。《魏略·西戎传》记载大秦所出十二种香中便有"迷迭"。晋郭义恭《广志》云："迷迭出西海中。"迷迭至迟在汉末时已经移植到中国。曹丕《迷迭赋》中说迷迭"越万里而来征"。曹植《迷迭香赋》则写道："播西都之丽草兮，应青春而凝晖……芳暮秋之幽兰兮，丽昆仑之芝英。"王粲也作有《迷迭赋》："扬丰馨于西裔兮，布和种于中州。"他们都强调迷迭香来自西方异域。陈琳、应玚等皆有同题之作，也都热情洋溢地赞美迷迭的枝干花叶之优美及其芳香之浓郁。

丁香，在中国古代文献中又称为鸡舌香，汉代时已传入中国。应劭《汉官仪》记载桓帝侍中"年老口臭，上出鸡舌香与含之"。实际上这并非特例，汉代尚书郎上殿，"握兰含香，趋走丹墀"似已成为常见礼仪。"尚书郎含鸡舌香，伏其下奏事。黄门侍郎对揖跪受。"丁香虽已成为朝臣日常性的礼仪用品，但仍较为名贵，所以这种香曾被曹操当作礼物送给蜀相诸葛亮，云"今奉鸡舌香五斤，以表微

◇ 迷迭香（克罗地亚，2016）

◇ 丁香（印度尼西亚，2016）

意”。三国孙吴康泰《吴时外国传》记载：“五马洲出鸡舌香。”五马洲在今印度尼西亚，具体地处不详，可能在巴厘岛。

乳香，别名“熏陆”，一名“杜噜”，是一种由橄榄科植物乳香木产出的、含有挥发油香味的树脂，风干后呈黄色，气味清香。在古代，上等乳香的价格贵比黄金，但在海外输入中国的香料之中，乳香仍是大宗。

乳香主产于红海沿岸，三国时万震《南州异物志》云：“熏陆出大秦国。在海边有大树，枝叶正如古松，生于沙中。盛夏木胶流出沙上，状如桃胶。夷人采取卖与商贾，无贾则自食之。”《魏略·西戎传》记载大秦十二种香，其中有“熏陆”。乳香交易是古代重要的商业活动之一，“乳香之路”也因此成为一条延续千年之久的贸易通道。

乳香是阿曼传统的输出品，位于阿曼的乳香之路遗址已被列入世界文化遗产。阿曼南部城市萨拉拉是一座历史古城，古代就以盛产乳香闻名，马可·波罗称之为繁荣的城市。古代乳香之路的一些城市已经被岁月所埋没，但萨拉拉却成为重要的旅游胜地，至今仍保留着一个以香料交易著称的市场——哈法市场，供人们参观游览。在上千年的漫长岁月里，乳香贸易一直是阿曼的经济支柱。

○ 乳香之路（阿曼，1998）

○ 乳香（阿曼，2012，小型张）
阿曼是阿拉伯半岛上最古老的国家之一，公元前2000年已经广泛进行海上和陆路贸易活动，并成为阿拉伯半岛的造船中心。阿曼也是乳香的主要产地之一，并因此有“乳香之邦”的美称。

海外输入中国的香料主要用于制造烧香，东汉以后，随着佛教的传播，香料的需求量和输入量更大，“三国以后，中国自西南海上诸国运入者，以香料为大宗”。中医也逐渐采用香料入药，如将没药用于外伤活血，将乳香用于止痛、生肌；安息香后来成为中医常用药，主治中风昏厥等。

据南宋赵汝适《诸蕃志》记载，南宋时从各国各地区运进泉州港的商品，种类繁多，以香料和药材为大宗。主要商品有：脑子、乳香、没药、血竭、金颜香、笃耨香、苏合香油、安息香、栀子花、蔷薇水、沉香、笺香、檀香、丁香、肉豆蔻、降真香等。刺桐港遍地飘香，是名副其实的“香港”，阿拉伯商人对此贡献巨大。在泉州湾后渚港挖掘的南宋古船上，除了瓷器和丝绸以外，有2300多公斤的香料木及贵重药材。距刺桐港不远的湄洲湾附近，商贸重镇枫亭的香料交易也十分繁盛，元代林亨《螺江风物赋》描写其交易情状说：“通道而南，城趋乎刺桐。胡椒、槟榔、玳瑁、犀象，殊香百品，异药千名。”

自汉代开始，从域外输入的器物产品和香料品类丰富了中国社会的物质生活和精神生活，对中华文明产生了深刻影响。尽管香料属于奢侈品，香料的输入起初更多地为贵族阶层服务，但是这些舶来品随着中外交流的开展影响了不同国家、不同地区和不同民族物质成果和精神产品的互通有无，促进人类相互间的认知和不同文明的互动，从而推动人类文明的不断跃升。

泉州湾后渚港南宋古船发掘现场

叁 Chapter 3 涨海声中万国商

International merchants do business at the sea

隋唐以来，中国良港除广州之外，泉州、福州、明州、扬州、密州、登州等也是沿海著名的通商贸易港；而被称为“光明之城”的泉州刺桐港自南朝与海外通商，至宋元时期崛起为海外贸易的主要中心，被誉为“东方第一大港”。

Since the Sui and Tang Dynasties, in addition to Guangzhou, Quanzhou, Fuzhou, Mingzhou, Yangzhou, Mizhou, Dengzhou, etc. are also the famous and good trading harbors along the coast of China. Known as “the City of Light”, Quanzhou boasted its Erythrina Port, which opened to the outside world in the Southern Dynasty. In the Song and Yuan Dynasties, it became the center of overseas trade, and was regarded as the largest port in the East.

中国·泉州 古代帆船
CHINA QUANZHOU ARCHAIC SAILBOAT
中国邮政
80分
CHINA
福建泉州
2001.11.08.09
后渚港(临)2

1 中外交往的高潮和沿海大港

The climax of Sino-Foreign exchanges and the coastal ports

远古时代，中国沿海居民已通过近海航行，与周边地区有零星交往。华东沿海居民隔黄海与朝鲜半岛、日本列岛有联系，华南沿海居民与东南亚地区的往来也日益增多。秦汉时期，国家统一，造船和航海技术均有新的进步，中国通过海路与近海岛屿及东南亚之间的联系更为密切。此后，海外贸易的发展使一批沿海港口逐渐兴起。魏晋南北朝时江南得到迅速开发及南方政权对海外贸易的重视，进一步促进了航海的发展和港口的繁荣。

隋唐时代国力强盛，中国与各国的海上交往也更加频繁。海外各国的使者、留学生、留学僧和商人源源不断地到中国来，学习先进文化，进行贸易。当时的“唐人”穿行于西太平洋和北印度洋水域，将航船泊岸处盛产之物输往中国，而中国的

◯ 步辇图（2002，小型张）

◇ 簪花仕女图（1984，小型张）

◇ 中国绘画·唐·簪花仕女图（1984）：
3-1簪花仕女图卷之一
3-2簪花仕女图卷之二
3-3簪花仕女图卷之三

《簪花仕女图》是唐代现实主义风格绘画的代表，也是中国现实主义人物画表现风格的开端。画中描绘的是唐代贵妇的日常生活，六位衣着艳丽的贵族妇女及其侍女于春夏之交赏花游园，人物形象显得丰腴而华贵，也向观者透露出唐朝文化兼容并蓄、开明开放的时代气息。

丝绸、瓷器、茶叶等也经海路远销亚非各国，海外贸易盛况空前，广州、泉州、福州、明州（今宁波）、扬州、登州（今蓬莱）等一批港口日益繁荣起来。

唐以后，海外贸易继续发展，宋元是我国历史上海上交通最繁盛的时期。宋朝时对海外贸易十分重视，为了增加财政收入，宋初在广州设市舶司，后又陆续在杭州、明州、泉州和密州（今胶州湾一带）设立了市舶机构；元的统一促进了海上交通的发展，沿海港口有直沽港（今天津）、密州港、刘家港（今苏州）、庆元港（今宁波）、温州港、泉州港、广州港等。

在当时的国际贸易中，中国绵长的海岸线和众多的良港，是一个非常突出的优势。

合浦是汉代海上丝绸之路的始发港之一，是汉朝南疆出海对外贸易的重要窗口。汉武帝时已形成一条从合浦、徐闻等地出发，经东南亚，远至南亚印度、斯里兰卡的航海贸易航线，《汉书·地理志》做了详细记载。同时，合浦也是陆上丝绸之路和海上丝绸之路有机衔接

◇ 合浦汉代文化博物馆

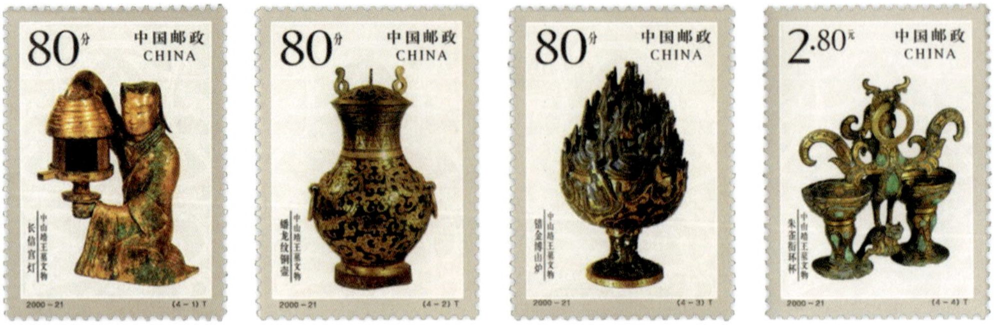

○ 中山靖王墓文物（2000）：4-1长信宫灯 4-2蟠龙纹铜壶 4-3错金博山炉 4-4朱雀衔环杯

的门户，汉代已形成长安至合浦的水陆交通线路，即汉使船队从长安出发，先走陆路经南阳至南郡（今湖北荆州），然后经水路顺长江入湘江，过灵渠，再通过北流河、南流江，即可顺利到达合浦，最后从合浦扬帆出海。合浦汉墓出土过波斯陶壶、玻璃杯、罗马玻璃碗、金花球手链、海蓝宝石串饰及众多的水晶、琥珀、玛瑙串饰等，这些带有明显异域风情的文物，见证了汉代海上丝绸之路的繁华与兴盛。

广州港濒临南海，在海上丝绸之路的形成和发展中兴起，早期通过南海海上丝绸之路进行的通商贸易已非常频繁，活跃在南海航线上的有中国人、柬埔寨人、印度尼西亚人、印度人、波斯人和罗马人等。他们交换的主要商品除丝绸外，还有黄金、珍珠、象牙、犀角、翡翠、玳瑁、香料、玻璃和铜器等。1983年考古学者发掘了位于广州北路象岗山的南越国第二代国王赵眜的陵墓，共出土文物1000多件（套），其中银器和玻璃器都是标志性舶来物品；而出土的异域人形象的陶俑灯座珍品，更是海上丝绸之路外来商品的见证。

魏晋南北朝时期，由于岭南地区距离中原较远，战火很少波及，因此局势相对稳定，广州港发展较快。西晋初年，罗马帝国使节往洛阳朝贡，乘船取道广州。南北朝以后，广州的海外贸易又有了很大的发展。到隋唐时期，广州已经成了东方国际贸易的中心，四面八方的稀世珍宝，都先到这里集中，堆积如山的宝货，光彩夺目，盛况空前。与此同时，中国的丝绸通过南海大量向印度洋沿岸输出。

在东南沿海福建，福州、泉州均是名扬中外的对外贸易港。福州海上交通活动由来已久，早在汉魏时期与南海的交通交往已经十分频繁，且造船业素称发达。中

◯ 古代帆船（2001）：2-1中国古代帆船

唐以后，福州成为福建对外交通贸易最重要的港口，与广州、扬州并列为唐朝三大贸易港。五代时期，王审知侄儿王延彬任泉州刺史，大力发展海外贸易事业；其后，留从效据守泉州，鼓励商人出海贸易，泉州港开始崭露头角；到宋初，泉州在对外交流中的地位愈发重要。元祐二年（1087），泉州市舶司正式设立，推动了泉州海外贸易迅速发展，这里“海港千帆百舸，乘风顺流，出入海门之间；渡头风墙林立，客商云集，转输货物山积”，云集着阿拉伯、波斯、印度、东南亚等各地商人、僧侣等。南宋时期，由于宋廷都城南迁至杭州，泉州比广州更接近当时的政治中心和消费中心，可以减少舶货调运的耗费，加上泉州自身的陶瓷业和丝织业已经发展起来，南宋朝廷格外重视并扶持泉州的海外贸易，泉州港得以迅速发展，至南宋末，泉州海外贸易额完全超过广州，成为第一大港。元代的泉州，海外贸易空前繁荣，是中外各种商品的集散地和中转站，成为国际贸易的主要中心之一，被誉为“东方第一大港”。

在泉州设立市舶司以前，泉州商人经明州出海去高丽、日本，已较为频繁。明州虽然不是港道深阔的天然良港，但

◯ 宁波保国寺

浙东名刹保国寺位于浙江宁波灵山之麓，始建于东汉初年。保国寺以其精湛绝伦的建筑工艺令人叹为观止，寺内的大雄宝殿（又称无梁殿）是典型的宋代木结构建筑，为长江以南最古老、保存最完整的木结构建筑之一，也是海上丝绸之路世界文化遗产申报点。

外有“蛟门、虎蹲天设之险”，加之周围海域风涛较小，具备着发展成为海外贸易港的有利条件。随着中日之间横渡东海的航线的开辟，明州成了到日本最便捷的港口。此外，明州周围地区经济发展比较快，造船业在全国也享有盛名。因此，明州在诸多海外贸易港中的地位也日益突显。元丰三年（1080），宋神宗明令“非明州市舶司而发过日本、高丽者，以违制论”，明确明州为发舶去日本、高丽的特定港口。当时由明州运往日本的主要商品有绵、绫、瓷器、香药、文具等，而从日本输入的则有沙金、水银、绢、布、刀剑、扇子等。而很多访宋的高丽使团也兼顾贸易，常带金、银、土产等以换回彩帛、珍珠、书籍等。

实际上，除与日本、高丽交往密切以外，宋时明州与东南亚、南亚、西亚诸国的交往也很频繁。南宋时从占城（今越南中南部）等地输入的货物有七八十种，宁波天封塔地宫出土的绍兴年间文物有来自东南亚的水晶及盛着香料的玻璃瓶。后来，到明州经商或定居的阿拉伯商人日益增多，明州建有专门接待阿拉伯人的波斯馆，并形成了波斯人聚居的街巷波斯巷，建起了清真寺。在宋元时期，明州既是两浙路最早设立市舶司的地方，又是两浙路诸港中唯一历宋元两代一直有市舶机构存在的港口。

◯ 扬州园林（2007）：
3-1何园
3-2个园
3-3徐园

“十里长街市井连，月明桥上看神仙”。扬州古称江都，是著名的“淮左名都，竹西佳处”。扬州处在控长江、扼淮河、临东海的十字黄金水道枢纽所在：从扬州出发，向南进入江南运河，直达钱塘江下游的杭州，与浙江至福建的通道相接；向北沿着淮南运河，由泗水入汴水，直抵洛阳，而转西安；向东由扬子江口出海，东航至朝鲜和日本，或南航至广州；向西溯长江而上，直抵巴蜀，或由九江转道陆路到达广州，利尽南海。

唐代以来，扬州为东南重镇，权力很大的扬州大都督府、淮南节度使和盐铁转运使司均设于此城。“隔海城通舶，连河市响楼”，当时的阿拉伯、波斯等国商人纷至沓来，云集于此，市场上海内外的香料、药品等货物堆积如山，扬州成为当时东南沿海的第一大都会、国际国内贸易的通商大港、海内外财货的集散地，尽擅天下利权，以极度繁华著称于世。

在北方，登州港位于山东半岛，临渤海，与辽东半岛隔海相望，古人称其“东扼岛夷，北控辽左，南通吴会，西翼燕云”，这一得天独厚的有利位置，使登州发展成我国最早的海港之一，其至辽东半岛的航线，被认为是中国北方最古老的航线。隋唐时期，登州港不仅是对外前往朝鲜半岛和日本列岛的重要出海口，而且是对内通往东北地区和南方沿海各地的良港，其鼎盛时期，“帆樯林立，笙歌达旦”，朝鲜半岛诸国及日本的遣唐使多从登州上岸或启程返航，登州港的经济及航海地位都极重要，一度成为中国北方第一大港。

◇ 蓬莱阁（极限片）

但从北宋中期开始，因宋辽对峙，为防止商船夹带兵器或其他能制造兵器的违禁物运往辽国境内，宋朝统治者一再颁布禁令，禁止客商前往登莱州界。这使登州港口基本处于封闭状态。从宋神宗熙宁年间起，“登州路有沙碱不可行”，宋与高丽国之间的往来改为经由两浙路的明州港，因此，登州虽偶尔有海舶出入，但在诸多海外贸易港中的地位日渐衰落。

而在山东半岛的另一侧，面临黄海的密州，在北宋时期也发展成一个具有一定规模的海外贸易港。元祐三年（1088），宋廷在密州板桥镇置市舶司，并在同年将板桥镇升为胶西县。建立市舶司以后，密州胶西县就成了北方的一个正式对外开放的贸易港口，逐渐取代了登州的地位。

除了沿海港口的兴起，频繁的人员交往，繁忙的经济交流，以及开明开放的政策，将唐至宋元时期的中西文化交流，推进到一个前所未有的高度，海上丝绸之路也日益走向鼎盛。

2 “光明之城”：东方第一大港泉州

The City of Light—Quanzhou, the largest port in the East

◎ 中国古塔（1994）：4-2泉州开元寺镇国塔

泉州港在中世纪的世界海上交通史中占有光辉的一页。著名的旅行家马可·波罗评价它为与埃及亚历山大港相媲美的“东方第一大港”，呈现“市井十洲人”“涨海声中万国商”的繁荣景象。泉州不仅是当时各国商人和商品最集中的地方，而且是中国的造船中心、丝织业中心、陶瓷生产与外销的重要基地。宋代赵汝适的《诸蕃志》，元代汪大渊的《岛夷志略》、周致中的《异域志》以及明代官修的《元史》等，凡记载中国与海外各国的航线距离，航行日数、方位，多以泉州为基准。

泉州港早在南朝时已经与海外有通商往来，唐代泉州，“南海蕃舶”常到，“岛夷斯杂”，出现“船到城添外国人” 的繁荣景象。五代政局动荡，福建地区对外陆路交通几乎断绝，只能依靠海上交通线出入。为了保境安民，增加收入与扩大实力，开闽王氏积极开展海外贸易。

唐末，泉州已广植刺桐，晚唐诗人王毂有“南国清和烟雨辰，刺桐夹道花开新”之句；后晋开运三年（946），留从效扩大泉州城时，“重加版筑，旁植刺桐环绕”；此后，泉州港以“刺桐”之名为世界各国的航海家、商人们所熟知。

北宋前期，泉商泛舶出洋必须到广州市舶司申办手续，这为海外贸易带来了诸多不便。随着泉港贸易的迅速发展，元祐二年（1087），泉州被正式批准设立市舶司，处理“蕃货海舶贸易征榷”。泉州市舶司的设立具有里程碑式的意义，从此泉州的海外贸易高速发展：一方面使泉州港的海商和船民可以就地办理泛舶出洋手续，并合法地回帆本港，这就减少了商业利润的无谓耗损，有利于贸易的发展；另一方面也表明了北宋朝廷对泉州海外贸易的重视，体现了其对泉州海外贸易管理的加强，这些措施促进了海上丝绸之路的发展。

市舶司设于泉州后，关税收入相当可观。巨额的海关收入，使泉州有可能多次扩城和修固，这也是为了适应商业城市日益繁荣的需要。因此市舶司设立后，泉州城先后进行了七次扩建和修筑。如北宋宣和二年（1120），泉州城由砖城改建为“外砖内石，基横二丈，高过之”的石城。特别值得一提的是嘉定四年（1211），“守邹应龙以贾胡簿录之资，请于朝而大修之，城始固”，这是泉州利用外资整治城市的直接记载。

泉州“田赋登足”，“古号乐郊”，从府衙至市井，都相当富庶。“靖康之难”后，汴京沦陷，高宗南渡。建炎年间，大量南外宗子移置泉州，寄生于民。泉州肃清门外的福建兵马都监廨舍地（即古榕巷），被改为宗正司驻地。“建炎中宗子三百多人，嘉定中增至二千多人，绍定中又增至三千多人”。这些皇族人口，是高级蕃货的重要消费者。除此以外，还有许多“士大夫避难入福建”。这些人推动着泉州社会的迅猛发展，繁荣昌盛。另一方面，朝廷“宫廷雅乐”的落户，对泉州南音、梨园戏、木偶戏等均有一定影响。

敦煌壁画（第四组）（1992）：4-2唐·伎乐

泉州《明刊闽南戏曲弦管选本三种》中的272首曲词，并不是四百年前明万历年间文人笔下的新作，而是历代积淀下来的散曲，其渊源则可追溯到距其千年的盛唐时期。当今弦友手中的拍板、横抱的琵琶、竖吹的洞箫和弓法独特的二弦，都是盛唐“十部乐”中普遍使用的乐器。

宋高宗很早就认识到了海外贸易对于增加朝廷财政收入的重要性，据《宋会要辑稿》载，高宗曾对臣僚说：“市舶之利最厚，若措置合宜，所得动以万计，岂不

◯ 清明上河图（2004，小全张）

胜取之于民，朕所以留意于此，庶几可以少宽民力耳”，“市舶之利颇助国用，宜循旧法，以招徕远人，阜通货贿”。为了增加朝廷财政收入，南宋王朝一改以往那种在海外贸易中“厚往薄来”“示以绥怀”“宣扬国威”的观念，开始转向更加务实的做法，注重经济效益，采取种种有力的保障措施，推动海外贸易的发展。据《建炎以来朝野杂记》载，从建炎二年（1128）到绍兴四年（1134），泉州的舶税收入达到二百万缗（一缗相当于一千钱），绍兴三十二年，泉、广两市舶司舶税净收入增至二百万缗，约占当时南宋朝廷年度财政总收入的五分之一。海外贸易收入对朝廷财政的重要性是显而易见的。朝廷进一步加强了对泉州市舶司的扶持。乾道三年（1167）宋孝宗专门拨出二十五万缗给泉州市舶司，作为“抽买乳香等本钱”，以扩大其海外贸易规模。南宋末期，泉州海外贸易额完全超过广州。

据南宋赵汝适《诸蕃志》记载，当时从各国各地区运进泉州港的商品，以香料和药材为大宗。而从泉州输出的商品，种类繁多，有衣料、瓷器、药物、食品、杂物等 60 多种。其中以丝绸、瓷器等传统出口货物为大宗，其次为加工的金属产品。史学家评述“刺桐城在

清源山（2015）：3-1天湖 3-2祈风石刻 3-3老君岩

九日山祈风石刻是闻名海内外的中外交通史迹。为祈求顺风和航海的安全，宋朝沿海各地均有祈风与祭海活动，在海外交通十分发达的泉州，每年春夏、秋冬之交，泉州府郡及市舶司的高级官员，都在九日山南麓的延福寺通远王祠（又称昭惠庙）举行“冬遣舶、夏回舶”两次祈风盛典，礼毕勒石记事。

中国宋时为丝业中心，与杭州并称一时之盛”，从农村到城厢，桑、蚕、丝、织、染，形成一条龙产业链，为海丝外贸提供充足的货源。南外宗正司带来了罗、绢、纱、绫等新产品及织、绣、彩绘、染色、印花等技术，设有织造厂，其中一个厂就设在泉州肃清门外忠厚坊。蜚声中外的“泉缎”，成为蕃贾的抢手货。

元朝时重建福建市舶司（驻地泉州），此时泉州已相当于中国海关的总关，泉州港海外贸易进入全盛时期。《元史》载，至元十八年（1281）朝廷规定，“商贾市舶物货已经泉州抽分者，诸处贸易，止令输税”，即凡在泉州进口并在泉州交纳进出口税的货物，运至国内他处只交行商税即可。至元二十六年，与泉州进行贸易的国家和地区近百个。泉州成为中外海上交通的重要枢纽，是名副其实的世界性大港。

对于中国的丝路文化而言，马可·波罗是一个重要的见证者。根据史料记载，元至元十二年（1275），意大利探险家马可·波罗经由陆上丝绸之路来到中国，并长期在元廷担任要职。17年后，思乡的他经海上丝绸之路返回家乡，正是从泉州出发的。

《马可·波罗游记》对泉州赞赏有加：“（离开福州）到第五天傍晚，抵达宏伟秀丽的刺桐城。在它沿岸有一个港口，以船舶往来如梭而出名。”他又说：“刺桐是世界上最大的港口之一，大批商人云集这里，货物堆积如山，的确难以想象。每一个商人，必须付出自己投资的总额百分之十的税收，所以，大汗从这个地方获得了巨额的收入。商人们租船运货，对于上等商品，须付该货百分之三十的运费，胡椒却须付百分之四十四的运费。对于檀香木、其他药材以及一般商品，运费是百分之四十。据商人们计算，他们的花费，包括关税、运费在内，总共达到货物价值的一半。然而，就是从这余下的一半中，他们也能取得很大的利润，所以他们常常能够用更多的货物，回销到原来的市场。这个地方风光秀丽，居民崇信佛教。一切生活必需品非常丰富。这里的居民，民性和平，喜爱舒适安逸，爱好自由。”

泉州保存的丰富的历史文化遗产也足以证实马可·波罗对于“泉州国际化贸易时代”的叙述是真实的。在这里，我们可以看到泉州的繁荣与安定，国家取得富足的税收，商人、货运物流及服务业得到丰厚的利润。以泉州港为枢纽的国际化贸易网络中，似乎所有的参与者都是商业冒险游戏的赢家。这种“互利互惠、合作共赢”的商业模式，即使在当下的国际贸易中也是可遇不可求的，可它却曾是刺桐港梯航万国、盛极宋元的秘密，它的核心就是“普惠”的价值观：让所有积极主动的参与者都有均等的机会获得他们的利益。

在远洋航运方面，无论是航行规模，还是造船和航海技术，元代都超过了唐宋。元代较大的远洋船舶能承载千余人，有十余道风帆。阿拉伯的天文航海技术传入中国，也促进了中国航海技术的发展。

元代杰出的民间航海家汪大渊曾于青年时代两度航海远游，赴印度洋、南洋诸

◇ 泉州灵山圣墓

地，最远到达东非沿海一带，游历220余个国家和地区。而他的两次出海，均是从泉州出发，第一次约起航于至顺元年（1330），历时五年；第二次则是在元顺帝至元三年（1337）左右，历时约三年。其时的泉州，正是世界上最大的贸易港口之一，是能与埃及的亚历山大港相提并论的“东方第一大港”，汪大渊选择了泉州作为起航之地，一次又一次把命运托付给出没风涛的海船。至正九年（1349），距汪大渊最后一次返国已九年，他撰成《岛夷志略》（本作《岛夷志》）一书，附于《清源续志》之后，而“清源”，即泉州。书中对所抵国家和地区的疆域、土产、地理、风土、人情等都有详细的记载，是研究元代中西交通的重要文献。

宋元时期，泉州造船业发达，造船技术处于世界领先地位，推动了泉州海外交通的发展。

泉州后渚港宋代古船（极限片）

泉州自三国时期开埠以来就是中国南方著名的造船业基地。所造“福船”系中的泉州船，是当时世界上最先进的船种之一。

1974年，考古工作者在泉州湾后渚港海滩挖掘出一艘南宋古船，船残长24.2米，宽9.15米，深1.98米，排水量近400吨，载重约200吨。这是一艘首部尖、尾部宽、高尾尖底的“福船”，现陈列于泉州宋代海船陈列馆。船两头高翘，底部削尖，龙骨粗大，船体扁阔，线型十分流畅。从陈列馆二楼凭栏俯视，则可望见多层船壳板、13个水密隔舱等奇妙的船舶结构。

水密隔舱是中国造船技术的重大发明，就是用隔舱板把船舱分成互不相通的一

◇ 船舶（第二组）（新加坡，1980）：
1 海南帆船
2 福建帆船
3 江苏商船

个个舱区，发生漏水时不致全船漫延，以提高航海安全性。清嘉庆年间蔡永蒹所撰《西山杂志·王尧造舟》载："天宝中，王尧于勃泥运来木材，为林銮造舟。舟之身长十八丈……银镶舱舷十五格，可贮货品三至四万担之多。"该史料记载了唐天宝年间泉州所造海船的情况，其中"十五格"即为十五个隔舱，这是关于泉州海船中采用隔舱的最早记载。而1974年出土的南宋古船残体，其舱位保存完好，已具有极为完善的水密隔舱结构。在1982年试掘的泉州法石又一艘宋代古船中，同样发现有水密隔舱结构。以上两艘古船的发掘无可辩驳地证明，最迟于宋代，泉州所造海船已采用成熟的水密隔舱结构。泉州的"中国水密隔舱福船制造技艺"已被联合国教科文组织列入"急需保护的非物质文化遗产名录"。

◇ 洛阳桥

交通便捷是城市繁荣的先决条件，宋元时期泉州的修桥造路为历代之最。根据《泉州府志》记载：泉州所辖的晋江、惠安、南安、安溪、同安诸县，历代所建石桥共215座，其中僧人造桥70多座。宋代所建的桥有109座，绍兴年间更是泉州造桥的高潮，该时期修建的桥有25座，长达三四十里。这些桥梁又多建在近海港的交通枢纽之地，如安平桥在"通天下之商舶，贾胡与民互市"的安平镇。这里的人们长于海外贸易，"宋元于今，商则襟带江湖，足迹遍天下，南海明珠，越裳翡翠，无所不有"。安平桥前后历经14年乃告成，像这样浩大的工程，耗资之巨可想而

知。当时这些修桥的资费，多数是僧侣化缘得来的，其中也有商人热心捐赠，如南宋嘉定四年（1211），侨居泉州的外商曾出资协助建造顺济桥。安平商人黄护与僧人智渊于绍兴八年（1138）就“各舍钱万缗倡造”安平桥。太守赵令衿所作《安平桥记》曰：“斯桥之作，因众志之和，资乐输之费，一举工集，贻利千载，是岂偶然也哉！”

北宋皇祐五年（1053）到嘉祐四年（1059），由时任泉州太守的蔡襄主持建成的洛阳桥，是中国现存最早的跨海石桥，架在泉州通往福州乃至内陆丝绸之路的交通要道之上。董理工程的是僧人义波和宗善。与洛阳桥相望的风屿盘光桥，则是僧人道询募资兴建的，他在世时修桥200多座，堪称修桥高手。可以想见，这么大的工程，耗资又如此巨额，“所恃以足公私之用者，番舶也”。

宋元时期泉州建的石塔，规模之巨大，建筑之雄伟，也是空前绝后的，这与海外交通的发展也有直接关系。石塔可以作为航海标志，如建于宋绍兴年间的姑嫂

◎ 安平桥普通邮资片

◯ 六胜塔

塔，为僧人介殊所建，高22.86米，耸立在石狮的宝盖山头，被称为“泉城关锁水口之镇塔也”，《读史方舆纪要》也称其“绝顶有石塔，宏壮突兀，出于云表，商舶以为抵岸之标”。与姑嫂塔遥遥相对，坐落在石狮市石湖的六胜塔，于北宋政和三年（1113）由僧人祖慧、宗什等募资兴建。石湖本来也是泉州湾的一处小港，向来海外交通发达，“石湖、安平番舶去处，大半市易上国及诸岛夷”。民间也有传说这里有十八津渡，所泊运载棉花船数以百计。

建于泉州开元寺内的东西塔，更是中国古塔的一对瑰宝。东为镇国塔，始建于唐咸通六年（865），先为木塔，后易木为砖。南宋嘉熙二年（1238）至淳祐十年（1250）间重建为五级石塔，高48.24米。塔平面分回廊、外壁、塔内回廊和塔心八角柱四部分。塔为框架式结构。正中的塔心柱直贯于各层，是全塔的支撑。各层塔心柱上的八个转角处均架有石梁，搭连于2米厚的塔壁和倚柱，顶柱的护斗出华拱层层托出，缩小石梁跨度。石梁与梁托如同斧凿，榫眼接合，使塔心与塔壁的应力联结相依形成一体，大大加强了塔身的牢固性。塔壁使用雕琢加工过的花岗岩，以纵横交错的方法叠砌，计算精确，筑工缜密。

西为仁寿塔，始建于五代梁贞明二年（916），今石塔为南宋绍定元年（1228）至嘉熙元年（1237）重建，高44.06米，其规模与东塔几乎完全相同。开元寺双塔是中国最高的一对石塔，经明万历年间泉州八级地震以及多次台风的考验，仍屹立不倒。双塔塔身雕有240幅浮雕佛像和图案，其施工时间之长，建筑规模之大，结构之精美，也从侧面反映出了当时当地经济实力的雄厚。

宋元时期，泉州海商由本地海商、外地海商和外国海商构成。本地海商可分为舶商、散商、南外宗子海商、僧人海商、水手等。1974年泉州湾发掘的宋代沉船出土标有“南家”“朱库国记”“曾干水记”“张干水记”“林干水记”等字样的货物木牌签96件，由此可见，当时南外宗正司官吏或宗子、宗人家干，甚至船工水手等都参与了海外商贸交易。

当时在开放政策中靠兴贩起家的中外商人是很多的，南宋人周密在《癸辛杂志》中称：“泉州有巨贾，南番回回佛莲者，其家甚富”，“凡发海舶八十艘”，“死后家中尚存珍珠一百三十石”。洪迈《夷坚志》也记“泉州杨客为海贾十余年，致资二万万”。元代文人吴澄说，“泉，七闽之都会也，番货远物异宝珍玩之所渊薮，殊方别域富商巨贾之所窟宅，号为天下最。”

泉州，作为古代海上丝绸之路东端饮誉海内外的枢纽港口，直到今天，人们仍可以从九日山祈风石刻、开元寺、清净寺、草庵、灵山圣墓、安平桥、洛阳桥、德济门、天后宫、石湖码头、东西塔等众多的文物古迹中领略它当年的丰姿，追溯其“州南有海浩无穷，每岁造舟通异域”的海外交通光辉灿烂的历史，感受刺桐港扬帆万国、贾行天下，至今闪烁的东西方文化交汇融合和多元宗教文化兼容的文明之光。

◯ 古代帆船（极限片）

3 “中国潮”：一路向西的瓷与茶

“Sinomania”—porcelain and tea to the West

多姿多彩的陶瓷不仅是中华文明的一种代表和象征，也是中国国粹和民族文化的瑰宝。在漫长的历史岁月中，勤劳智慧的中国先民点土成金，写下光辉灿烂的篇章，为人类文明做出巨大贡献。英文china既有中国的意思，又有陶瓷的意思，清楚地表明中国是陶瓷的故乡。

中国陶瓷以其精美绝伦而又极具华夏民族特色和东方文化神韵的造型、色彩与纹饰，以及神秘而独特的制造工艺，让世人叹为观止，又因其具有很强的实用性和很高的艺术价值而备受推崇。

中国是世界上最早应用陶器的国家之一。新石器时代早期，我国的先民就已经开始制作陶器。

在仰韶文化的半坡类型、史家类型、庙底沟类型、西王村类型、后岗类型、大司空村类型等的彩陶上绳纹较普遍，故称绳纹彩陶，而马厂类型则出现神人纹样图

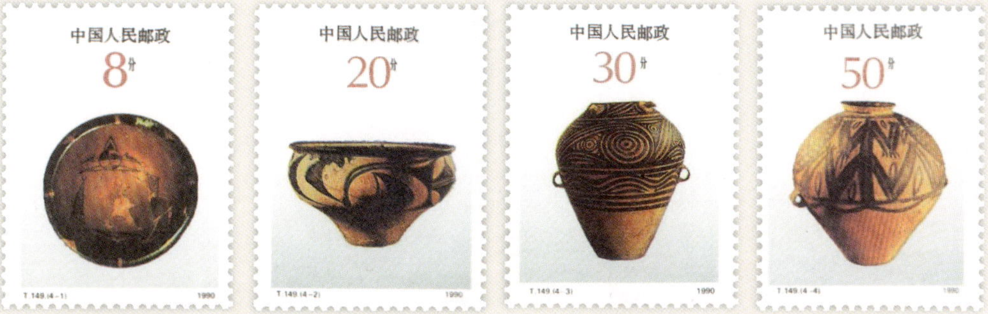

○ 彩陶（1990）：4-1半坡类型 · 人面鱼纹彩陶盆 4-2庙底沟类型 · 曲腹彩陶盆
4-3马家窑类型 · 漩涡纹双耳彩陶罐 4-4马厂类型 · 神人纹彩陶壶

案的陶壶（亦称人形蛙纹陶壶）。

1956年在甘肃永靖三坪遗址出土的涡纹彩陶罐是马家窑文化中期彩陶的一个杰出代表，其纹饰瑰丽，有“彩陶之王”的美誉。罐身用黑彩绘出四个大漩涡纹和八个小漩涡纹，下面还彩绘一圈粗大的水波纹。从罐的口、肩向下俯视，可以看到彩陶罐的全部纹饰，是一幅表现当时人类与水密切关系的图案。三坪遗址处于黄河边的小积山下，这种漩涡纹正是远古先民对黄河之水湍急汹涌形象的记录。

在新石器时代晚期的仰韶文化、屈家岭文化、河姆渡文化、大汶口文化、龙山文化等十几个文化遗址的挖掘中，更是出土了大量灰陶、彩陶、黑陶等陶器。

原始彩陶器彩绘纹饰多以几何图形为主，虽然手法粗糙，但构图新颖。龙山文化的黑陶少有装饰，却整体浑圆端正，器壁薄而均匀，表现出惊人的技巧。1971年在山东邹县城南野店村遗址出土的彩陶鼎则是大汶口文化中期的典型器物，表明这一时期制陶业发展已达到十分成熟的程度。

◇ 陶瓷（2001）：2-1彩陶瓶

瓷器是在制陶技术不断发展提高的基础上产生的，而白陶，即原始瓷的烧制成功，是由陶转瓷的一次质的飞跃，具有划时代的意义。中国的原始瓷从商代出现后，经过西周到东汉1000多年的变化发展而逐渐成熟。

经过岁月的洗礼，唐朝白瓷和青瓷各领风骚，呈现“南青北白”的格局。唐朝的彩陶艺术成就卓著，最大的成就是在汉代铅釉的基础上，成功掌握了多种金属的呈色作用后，创制出了人们熟知的“唐三彩”。实际上，“三彩”不限于三种色彩，釉色主要有白、浅黄、浅绿、赭黄、深绿、蓝、紫等。三彩形象多为骆驼和

◯ 唐三彩（1961）：8-1驴 8-2驴 8-3马 8-4马 8-5马 8-6马 8-7骆驼 8-8骆驼

马，具有很高的艺术价值。而唐代青花瓷的发明则是巩义窑匠人在唐褐彩和唐三彩的基础上改良发展而来的，是陶瓷制作技艺上的重大突破，在我国陶瓷史乃至世界陶瓷史上都具有重大意义。

宋代是中国制瓷业极其辉煌的时期，涌现出诸多驰名中外的瓷窑，“五大名窑”——定、汝、官、哥、钧，就是其中的典型代表。

宋瓷在制作工艺上精益求精，官民各窑风格各异，有的清秀，有的浑厚，有的典雅，有的绚丽，百花争艳。磁州窑是民窑中的杰出代表；以粉青和梅子青釉著称于世的龙泉窑，则是青瓷文化的一朵奇葩。

北宋景德年间，宋真宗派员在昌南镇监制入贡御瓷，每件瓷器底部均书有“景德年制”字样。因御瓷制作精细，人人交口称赞，便有“天下咸称景德镇”之美誉，

◯ 中国陶瓷—钧窑瓷器（1999）：4-1北宋·出戟尊

◯ 中国陶瓷—龙泉窑瓷器（1998）：
4-3元·葫芦瓶

◯ 景德镇瓷器（1991）：
6-2元·青花追韩信图梅瓶

“景德镇”名称沿用至今。千年不熄的窑火使景德镇瓷器愈发有魅力，形成了“白如玉、明如镜、薄如纸、声如磬”的独特风格。景德镇的青花瓷、颜色釉瓷、青花玲珑瓷和粉彩瓷，成为最名贵的四大传统名瓷。

元代由于战乱，制瓷业受到影响，但制瓷工艺不断创新，青花瓷和釉里红技法成熟起来。

南宋至元代期间，泉州港是陶瓷外销的最大口岸，泉州陶瓷业在宋元时期也顺应外销的需要蓬勃发展。唐五代时，泉州仅有窑址20处，均分布在沿海，宋元时期骤增到164处，纵深发展到作为经济腹地的山区县份。其中以德化瓷的外销尤为突出，德化白釉器后来成为中国白瓷的代表。

宋元时代发达的中外交通为东西方文化交流和中外贸易创造了极好的条件。在中外海上贸易急速增长的过程中，除了传统的输出品丝绸与陶瓷外，茶叶逐渐成为新崛起的大宗出口商品。

中国是茶叶的原产地，有“茶叶王国”之美誉。中华民族的祖先早在远古时期就发现并利用了茶，至今已有四五千年的历史。

◯ 中国陶瓷—德化窑瓷器（2012）：
4-1白釉夔龙纹双耳三足鼎
4-2白釉象耳弦纹尊
4-3白釉观音坐像
4-4白釉达摩立像

中国是茶文化的发祥地，亦是茶道的发源地。千百年来，中国人栽培茶叶、制作茶叶、品味茶叶，不但积累了大量关于茶的制作技艺，更积累了丰富的有关茶的精神文化，这就是中国特有的茶文化。中华茶文化源远流长，博大精深，是千百年传统文化在茶叶上的深厚积淀。它糅合佛、儒、道诸派思想，演绎出“正、清、和、雅”的禅茶理念，是中华文化中的瑰宝。

◯ 茶（1997）：4-1茶树

唐代鉴真大师东渡，将寺院饮茶之风传入日本。南宋时，日本“茶祖”荣西禅师从中国带去陆羽的《茶经》及茶籽。13世纪初有人用汉字写成《吃茶养生记》。从此，日本民间饮茶场所与日俱增，茶饮蔚成风气，并逐步形成自己的茶道。

◯ 茶（1997）：4-2茶圣

唐代茶圣陆羽编撰的《茶经》，系统总结了唐代以前制茶、饮茶的方法，包括茶叶的起源、种类、特性、栽培、采制、烹煎，茶具，水的品第，饮茶风俗，名茶产地以及有关茶的典故等，既是中国茶学拓荒之作，又是后世茶书的楷模；对饮茶风气的进一步流行，也起了推波助澜的使用。

1987年，陕西宝鸡法门寺地宫出土了一批轰动世界的珍贵文物，其中唐僖宗少年时代使用过，后供奉在法门寺的一套金银茶器，包括茶碾子、茶罗、茶则和长柄勺等十多件器物，材质昂贵，制作精良，见证了晚唐宫廷茶道的兴盛。“茶道大行，王公朝士无不饮者”。而其中的鎏金银茶碾，则是唐代煎茶道向点茶道过渡阶段具有典型意义的珍贵文物。

唐代以后，茶之韵渗透到社会，融入中国的诗词、绘画、书法、宗教、医

◯ 茶（1997）:4-3茶器

鎏金银茶碾，是唐代宫廷使用的茶具。此茶具是1987年于陕西宝鸡法门寺出土的。唐人饮茶，先把茶饼烘干（古时叫炙茶），茶烘出茶香后，用纸包好，以免茶香流失，待茶叶冷硬好后即碾碎。鎏金银茶碾，是皇室碾茶器具中的精品。

○ 茶（1997）:4-4茶会

学，形成了具有浓厚民族特色的茶文化。

茶系民生，中国老百姓的生活也与茶息息相关，“早起开门七件事”，“茶”在其中。可见，宋元时代，茶已经是我国千家万户不可或缺的饮品。

福建是中国重点茶区，几大茶类在八闽大地各领风骚——福鼎白茶之雅、闽东绿茶之清、闽南乌龙之韵，不仅有香飘神州的铁观音，还有原生态的绿茶和白茶，武夷山的岩茶和红茶更因其香醇品质独步世界。

早在商周时期闽地就已产茶，然而真正让闽茶蜚声华夏的是位于福建北部建州所产的建茶，即北苑贡茶。它起始于五代时的闽通文年间，南唐继之，鼎盛于北宋，至明朝洪武二十四年（1391）朝廷停贡，上贡时间长达458年。宋徽宗称：“北苑贡茶，名冠天下。”另一方面，斗茶文化极大促进建窑茶具的生产，而北苑茶与天目盏珠联璧合，为中国茶文化史留下辉煌灿烂的一页。

元大德元年（1297）朝廷在武夷山筹建御茶园，以替代北苑。大德六年御茶园正式移置武夷山九曲溪第四曲溪旁。元初的保境安民、教劝农桑的政策和海运事业的发展，使泉州成为世界第一港，让世界各国人民领略了闽茶的风采。

○ 茶艺（中国澳门，2000，小型张）

肆

Chapter 4

西去东来相与行

Western journey and eastward sea-voyage

先有玄奘西域取经，后有鉴真东渡传法，海上丝绸之路以佛教传播为先导，把中华文明带到东瀛诸岛。而马可·波罗、伊本·白图泰等西方旅行家的中国旅行经历，宋代以来妈祖的海上救急扶危、护国庇民的传说，都彰显了平安、和谐、包容的海洋文化精髓。

Xuan Zang went through the Western Region to India for the Buddhist Scripture, and then Jianzhen crossed the ocean to Japan to spread Buddhism. The Maritime Silk Road brought the Chinese civilization to the Japanese islands with the communication of Buddhism. The stories of western travellers' trip to China such as Marco Polo, Ibn Battuta, etc. and the legend of Matsu's saving the country from danger and protecting the people since the Song Dynasty all demonstrate the essence of marine culture, peace, harmony and inclusiveness.

700° ANNIVERSARIO DEL RITORNO DI MARCO POLO DALLA CINA
纪念马可波罗从中国返回威尼斯七百周年
中国'96
CHINA
DAS IST DER EDEL RITTER MARCO POLO
Città del Vaticano
2000

1 鉴真弘法：中华文明传东瀛

Jianzhen spreading Buddhism to Japan

在中外文化交流史上，佛教的传播是一件大事。佛教传入中国后，给中国政治、经济、文化等各个方面所带来的影响是无法估计的；此外，佛教还通过中国传到了朝鲜、日本、越南等地，又给这些国家带来了巨大影响。可以说佛教传播在很大程度上影响了整个亚洲的历史发展。

佛教起源于印度，自公元前3世纪阿育王时代开始，不断向境外传播，逐渐发展成为世界性的宗教。佛教在传入中国内地之前，已在西域地区广泛流传。自汉武帝时代开辟对西域的交通以后，西域各国与中国内地的政治、经济、文化往来十分频

◇

中国石窟艺术(1988)：
4-1云冈石窟 · 北魏 · 大佛
4-2龙门石窟 · 唐代 · 力士
4-3麦积山石窟 · 西魏 · 菩萨
4-4大足石刻 · 宋代 · 养鸡女

◇
白马寺与大菩提寺（中国与印度联合发行，2008）：
2-1白马寺
2-2大菩提寺

繁。大约在两汉交替之际，即公元1世纪前后，佛教已开始通过西域地区，逐渐传入中国内地。东汉永平年间，汉明帝派使者西行求法，西域僧人用白马驮着佛像和经卷来到洛阳，明帝专门设立白马寺加以供奉。此后，佛教深深地影响了中国的宗教哲学和文化艺术。

文化的交流多是相互的，在佛教传入中国的过程中，既有印度僧人大量来华，也有中国佛教徒西行求法；去西域取经的代表人物，有东晋的法显（约337—约422）和唐初的玄奘（602—664）。法显西行，由陆上丝绸之路去，经海上丝绸之路回，走遍了30余国，前后历时15年，后来撰《佛国记》记载了一路上的所见所闻。继法显之后，西行求法者不绝于途，至唐代而达巅峰，其中最著名的要数三藏法师玄奘。

◇
玄奘（2016）：
2-1西行求法
2-2东归译经

玄奘西行，历尽艰辛，九死一生。在印度期间，他巡礼圣迹，遍览名胜，讲经学法，广求高师，在佛学中心那烂陀寺升坛开讲，名震五天竺，被大乘佛教徒尊为“大乘天”，被小乘佛教徒尊为“解脱天”。后来，他携带佛经回国，长安城内外的官员、百姓都来迎接这位高僧，一时间万人空巷，观者如云。

三藏法师带回经书657部，并将《老子》《大乘起信论》等译为梵文，传入

◇ 玄奘像（2016，小型张）

印度。他还将入印途中的见闻及沿途各国概况写成《大唐西域记》，为研究中古时期中亚、南亚诸国的历史、文化等提供了重要的资料。而根据其事迹改编成的《西游记》，也成为脍炙人口的中国古典文学名著，广为流传。

佛教在唐代这个中日文化交流最为频繁的时期，也留下了浓墨重彩的一笔。其中最为重要的，便是鉴真法师东渡日本传法。

鉴真（688—763）俗姓淳于，扬州江阳县（今江苏扬州市）人，生于唐睿宗垂拱四年（688），14岁时被智满禅师收为沙弥，在扬州大云寺学法。神龙元年（705），鉴真依道岸禅师受菩萨戒，立志舍身，弘扬佛法；景龙元年（707），出游洛阳，继至长安；次年在长安由弘景禅师受具足戒。

返回扬州后，鉴真住扬州大明寺，兴戒坛、缮道场、建寺舍、造佛像、修塔宇，讲法诵经、写经刻石，广施医药、普济众生，不遗余力。他成为继道岸、义威之后南方的授戒大师，持律授戒，“独秀无伦”，听过他讲经和由他授戒的僧人多达四万余众。鉴真不仅佛学造诣很深，在建筑、美术、雕塑、医药等方面也很有研究。博学多才、德高望重的鉴真大师，在中国以至日本都享有盛名。

当时，日本佛教戒律不完备，僧人不能按照律仪受戒。因此，邀请唐朝高僧大德赴日讲法授戒成为日本政府和佛教徒的迫切愿望。

唐天宝元年（742）冬十月，仰慕鉴真道行的日本留学僧荣睿、普照专程从长安来到扬州大明寺拜谒，向鉴真表达日本佛教徒敬仰之意，并说“佛法东流至日本国，虽有其法，而无传法人”，恳请鉴真去日本京城奈良传道授戒。其时，鉴真已年过半百，但他毅然接受邀请。自此，鉴真及其弟子开始了东渡日本的艰辛历程。

次年春，鉴真正准备扬帆东渡，因受到官厅干涉而失败，但他并没有灰心，做了更大的计划，于当年冬天再次从扬州起航，刚出扬子江口，遭遇飓风，船只触礁，船物尽失。矢志不渝的鉴真，往来浙东，修好破船后重新出发，第三次东渡又遇风暴受挫，此事为越州僧人得知，为挽留鉴真，向官府告发日本僧人“引诱”鉴真去日本，官府将留学僧荣睿投入大牢，遣送杭州。

◇ 鉴真大师坐像

鉴真考虑到既然江浙一带不便出海，决定从福州买船出海。但刚到温州，便被截住，第四次东渡不了了之。天宝七年（748）六月，他秘密从扬州出发，经扬子江入海，开始第五次东渡。不料船只遭到狂风巨浪的袭击，在海上漂泊了14天，最后漂到海南岛的振州（今三亚），返途时他突发眼疾，导致双目失明。五次东渡未成，然而历尽艰辛的鉴真，东渡扶桑弘法之志弥坚。

天宝十二年（753），鉴真不顾年迈失明，毅然随遣唐使船第六次东渡，终于到达日本九州。次年二月至平城京（今奈良西），实现了东渡宏愿。

日本天皇派遣特使向鉴真宣读诏书，表示慰问和欢迎，并授鉴真为“传灯大法师”，请他在奈良著名的东大寺设坛传戒。日本天皇、皇后、皇太子先后登坛受戒。接着鉴真又为440多名僧人授戒，还为80余人重新授戒。自此日本有了正式的律学传承，鉴真被尊为日本律宗初祖。

鉴真在日本除传法弘道外，还竭尽全力造福社会，促进日本建筑、雕塑、医药、绘画、文学、书法等方面的发展。他还按扬州大明寺格局，在奈良建立了著名的唐招提寺。

唐宝应二年（763），由于积劳成疾，鉴真面向西方的祖国坐化圆寂。为纪念师父，弟子们塑造了一尊鉴真干漆坐像，置于唐招提寺，千古瞻仰。

◯ 鉴真大师像回国巡展（1980）：
3-1扬州鉴真纪念堂
3-2鉴真大师像
3-3鉴真东渡船

◯ 鉴真在日本受到礼遇

鉴真大师历经磨难，六渡扶桑，不仅给日本人民带去佛教义理，而且带去了中国盛唐文化的精华，促进中日文化的广泛交流，成为日本人民心中的“文化恩人”“建筑之父”“律宗之祖”，同时也形成了难能可贵的“鉴真精神”——刻苦修学、悟证心要；为佛法事、宁舍生命；勇猛精进、百折不挠；弘法利生，传播文化。

文化交流无疆界。鉴真大师圆寂后，日本佛教天台宗山门派创始者圆仁大师，随日本最后一批遣唐使入唐。他求法十年，足迹遍及大江南北，并以纪实手法用汉文撰写了具有很高史料价值的《入唐求法巡礼行记》，这是研究唐代历史的宝贵资料。返日后，圆仁被

○ 东大寺法华堂
（日本，2008）

○ 唐招提寺金堂（日本，1976）

授以“传灯大师”法位，撰写《显扬大戒论》等著述近百部，圆寂后被日本天皇赐“慈觉大师”谥号。

在唐代海上丝绸之路上，先后出现鉴真与圆仁为中日文化交流而奔波的身影。他们前承先贤，后启来者，其不畏风涛、不辱使命的崇高风范超越了国界，也超越了宗教，感召人们去追寻理想的彼岸。

以佛教传播为先导，海上丝绸之路把中华文明带到东瀛诸岛。这些文明包括了文字、艺术和服饰等各个方面。

日本长期使用汉字，并以毛笔作为主要书写工具，即使在今天，日本的文字中仍然保留了大量汉字。中国的生肖文化也扎根日本，日本人也和中国人一样，重视生肖属相。日本的书画作品，始终保留着浓郁的中国艺术特点，其诗歌俳句等，也深受中国唐诗、宋词的影响。此外，号称日本国服的和服也一直保留着唐代中国的服饰特点。

○ 松尾芭蕉画像
（日本，1987）

○ 题词书法
（日本，1987）

2 马可·波罗与伊本·白图泰

Marco Polo and Ibn Battuta

元代，空前的疆域为中外交流的发展提供了广阔的空间，尤其是元朝政府鼓励各国商人来华经商，对各种宗教、文化采取兼容并蓄的态度，使元朝成为中外关系发展史上又一个极盛时代。随着欧洲商人、使臣和传教士的纷纷来华与中国人出使欧洲诸国和罗马教廷，中欧文化交流也迎来了一个高潮。

13世纪至14世纪中叶，先后有四位著名的西方旅行家来到中国，他们是：马可·波罗、鄂多立克、伊本·白图泰、马黎诺。其中，尤以马可·波罗、伊本·白图泰最为著名，作为东西文化沟通的先行者，他们在信息极为闭塞、交通极欠发达的情况下，用双脚走遍中华大地，记录下神秘的东方世界。

马可·波罗（1254—1324）是一位极具传奇色彩的旅行家。他青年时曾到中国游历，回到威尼斯后因参与海战被俘，在监狱里口述了自己的旅行经历，即《马可·波罗游记》的雏形。这本书问世后，

◯ 马可·波罗诞生700周年（意大利，1954）

◯ 欧罗巴—发明与发现（捷克，1994）

在欧洲广为流传，被称为“世界一大奇书”。游记首次向西方打开了神秘的东方世界的大门，第一次较全面地向欧洲人介绍了中国的物质和精神文明，激起了欧洲人对东方的热烈向往，对以后新航路的开辟产生了巨大的影响。

马可·波罗幼年时，他的父亲和叔叔到东方经商，在元大都朝见过忽必烈，并带回了忽必烈给罗马教皇的信。1271年，马可·波罗跟随父亲和叔叔，带着罗马教皇的复信和礼品，向东方进发。他们从威尼斯进入地中海，然后横渡黑海，越过西亚，准备到波斯湾的出海口霍尔木兹乘船驶往中国。因途中发生了意外，他们只好改道经陆上丝绸之路前往中国，经过四个寒暑，到达了元朝的北部都城上都。马可·波罗的父亲和叔叔向忽必烈呈上了教皇的信件和礼物，并向大汗介绍了马可·波罗。

此后，因为忽必烈的赏识，马可·波罗担任了元朝的官职，并学会了蒙古语和汉语，他借奉大汗之命巡视各地的机会，曾到过新疆、甘肃、内蒙古、山西、陕西、四川、云南、山东、江苏、浙江、福建以及北京等地，还出使过越南、缅甸、印度尼西亚。

◇ 马可 · 波罗诞生750周年（摩纳哥，2004）

◇ 马可 · 波罗在中国（爱尔兰，2001）

◇ 马可 · 波罗诞生750周年（马其顿，2004）

◇ 马可 · 波罗从中国返回威尼斯700周年（意大利与圣马力诺，1996）

◇
纪念马可·波罗从中国返回威尼斯700周年（梵蒂冈，1996，小型张）

梵蒂冈1996年3月15日发行“中国白传播者”《马可·波罗游记》邮票小型张，面值为2000里拉，邮票图案为少年马可·波罗，背景图为元上都到威尼斯的行进路线地图，纪念马可·波罗从中国返回意大利700周年。在中西文化交流史上，马可·波罗无疑是先驱者。

1292年春，马可·波罗受忽必烈委托，护送一位蒙古公主到波斯成婚。在完成使命后，他经波斯、黑海、地中海转路回国，于1295年末回到了威尼斯。

大约半个世纪之后，摩洛哥旅行家伊本·白图泰（1304—1377）来到中国。1304年，伊本·白图泰出生在摩洛哥北部的海滨城市丹吉尔，20岁时，他离家去麦加朝觐，从此爱上了旅行，几乎踏遍了当时伊斯兰世界的每一个国家。

伊本·白图泰游历至印度后，深得德里苏丹的信任，并受苏丹之托出使中国。他从古里（今印度科泽科德）乘船出发，在泉州登陆，游历了中国泉州、广州、杭州、北京等地，留下美好的印象。

◇ 纪念伊本·白图泰诞辰700周年（摩洛哥，2004）

◯ 伊本·白图泰在埃及

◇ 中国与摩洛哥建交50周年纪念封

白图泰回到摩洛哥后，国王命人将他的旅行见闻整理成了《旅途列国奇观录》，又称《伊本·白图泰游记》。书中称泉州的“港口是世界大港之一，甚至是最大的港口”，“港内停有大艟约百艘，小船多得无数”，“该城花园很多，房舍位于花园中央”，“对商旅说来，中国地区是最安全最美好的地区。一个单身旅客，虽携带大量财物行程九个月也尽可放心”。

3 妈祖：守护大海的女神

Matsu: The goddess of the sea

在福建省莆田湄洲湾口，有座美丽的岛屿叫湄洲岛。岛上有座巍峨雄伟、金碧辉煌的庙宇，供奉着举世闻名的海神妈祖。

妈祖，又称天妃、天后、天上圣母、娘妈，是中国沿海地区历代船工、海员、旅客、商人和渔民共同信奉的神祇。海上航行常因受到风浪的袭击而船毁人亡，出海者心有余悸，他们把希望寄托于神灵的庇佑。启航前先祭天妃，祈求顺风和安全，船舶上也立天妃神位供奉。

妈祖原名林默，又叫默娘，生于北宋建隆元年（960），卒于雍熙四年（987），祖籍福建莆田湄洲。

默娘“幼而聪颖，不类诸女”，相传她满周岁时在襁褓中看见诸神像，双手作欲拜状。五岁能诵《慈航经》，八岁时开始从师训读，勤学强记且过目成诵，并能理解文字的义旨。十岁余便“喜净焚香，诵

◇ 妈祖（极限片）

◇ 传说与神话（五）—妈祖（中国澳门，1998）

经礼佛”，早晚不懈。十三岁时，有道士常往来她家，认为她具有仙性，应得“渡入正界”，于是授以“玄微秘法”。

生长在大海之滨的默娘，还通晓天文气象，熟习水性。湄洲岛与大陆之间的海峡有不少礁石，这片海域里遭遇风浪的渔舟、商船，常得到林默的救助，因而人们传说她能“乘席渡海”，预测天气变化。

传说有一年，浙江、福建一带一连数月淫雨霏霏，江河横溢，四处尽为泽国，

◇ 妈祖纪念封

◇ 传说与神话（五）—妈祖（中国澳门，1998，小型张）

民不聊生。州官祈天止雨，却无济于事，只好亲自求救于默娘。她当即焚香画符，当空祷告。转眼间大风骤起，吹散满天乌云，朗日万里。吓得州官目瞪口呆，又惊又喜。是年，闽浙两省大涝之年却是五谷丰登，州官不敢邀功，如实禀告，皇帝下旨，褒封默娘。

宋雍熙四年（987）九月初九，默娘在救助遇难船只时不幸与世长辞。乡人感其生前治病救人、救护遭遇海难的渔民之恩泽，于同年在湄洲岛上建庙祀之，这便是湄洲妈祖祖庙的由来。祖庙于天圣年间扩建，日臻雄伟，其后历代均有官方主持祭祀仪式并扩建庙宇，最终形成号称“海上龙宫”的雄伟建筑群。

宋元以降，随着海上贸易和捕捞业的发展，行船谋生的船工渔夫逐渐增多。面对反复无常的大海，人们唯有从祈求

天津天后宫（极限片）

天津天后宫，位于天津古城东门外，始建于元代，是历代海祭中心。水工、船夫、官员在出海或漕粮到达时，都向天后妈祖祈福求安，祈求航海安全。

神明庇护中得到精神安慰，妈祖信仰遂传开。

初时，妈祖庙只是莆田海边的杂祠。宋宣和五年（1123），给事中路允迪奉使高丽国，船在黄水洋遇风暴，危难之中有莆田水手向妈祖祈祷，终转危为安。返国后，他奏请朝廷，宋徽宗赐顺济庙额，妈祖信仰从此获得了朝廷的认可。

相传宋绍兴二十六年（1156），宋高宗授予妈祖“崇福夫人”封号，有人认为，这是对妈祖最早的褒封。此后，妈祖被一路加封，从“夫人”“天妃”“天后”到“天上圣母”，登峰造极，无以复加。妈祖和孔子、关帝等一同被列入清朝地方的最高祭奠，规定地方官员必须亲自主持春秋二祭，行三跪九叩礼。列入国家祀典的妈祖，成为万众敬仰的“海上女神”。

妈祖信仰在台湾同胞心目中占据十分重要的地位，影响最深。据统计，台湾民间祀奉妈祖的庙宇超过900座。各庙祀奉的妈祖，因来自大陆不同的地方而有不同的称呼，如来自兴化的称“兴化妈”，来自泉州的称“温陵妈”，来自龙溪的称“清溪妈”，来自同安的称“银同妈”等。

台中大甲妈祖庙等早期的妈祖庙，在例定妈祖诞辰日有“遥拜”仪式，即在行三跪九叩礼节时，一律面向莆田湄洲祖庙施行，足可见闽台妈祖信仰渊源之深。

妈祖的影响力并非仅局限于东南沿海一带。漕运、海运和运河贸易的发展促使妈祖信仰向北方扩展。“先有娘娘庙，后有天津卫”，这句谚语形象说明了天津港的起源。元泰定元年（1326），为护佑漕运，皇帝下令在南北运河与海河交汇处的三岔河口西岸建天后宫（当时叫天妃宫），供人们祀奉海神天后。此后，水工、船夫、官员在出海或漕粮到达时，都向天后祈福求安，妈祖信仰也因此传入千家万户。

妈祖信仰也随着华侨华人的足迹遍及全球，近如日本、韩国、朝鲜、新加坡、菲律宾、马来西亚、印度尼西亚、泰国、越南等，远至美国、加拿大、墨西哥、巴西、澳大利亚、新西兰、法国、挪威、丹麦等，都建有妈祖庙。

“天下妈祖，祖在湄洲”。每逢节庆，妈祖分灵庙宇的代表常会到湄洲妈祖祖庙谒祖刈香，俗称“回娘家”，湄洲岛因之成为世界妈祖文化中心。

千百年来，妈祖文化以湄洲为起点，不断拓展，由沿海到内陆，从中国走向世界，逐渐成为中华民族经由海洋连通世界的重要文化纽带。妈祖文化是中国海洋文

澳门回归祖国10周年（中国澳门，2009，小型张）

化的重要标志，其“立德、行善、大爱”的精神内涵和“平安、和谐、包容”的文化特征，与中国“共建和平、合作、和谐之海”的海洋愿景互相契合。妈祖文化的精神理念，与旨在促进不同国家、不同文明、不同族群之间沟通共赢的“21世纪海上丝绸之路”精神有着内在共通的文化逻辑。随着国家“一带一路”倡议的深入实施，妈祖文化在促进不同国家、不同文明、不同族群之间的交流交往中，发挥着越来越重要的作用。可以说，具有“仁爱、正义、勇敢、和平”精神的妈祖文化，是促进“一带一路”民心相通的“黏合剂”。

◇ 泉州天后宫

伍

Chapter 5

云帆万里照重洋

Thousands of sails on the vast sea

郑和率领庞大船队七下西洋，访问亚非30余国，标志着中国古代航海事业进入了顶峰阶段，同时也揭开了世界大航海时代的序幕。郑和船队所使用的天文导航术、绘制的《郑和航海图》，更把中国古代造船与航海技术推向了鼎盛时期，居于世界领先地位。

Zheng He sailed a huge fleet to the Western Oceans seven times and visited more than 30 countries in Asia and Africa, which marked the peak of China's ancient maritime career and the beginning of the great age of navigation in the world. The astronomical navigation used by Zheng He's fleet and *Zheng He's Navigation Map* accelerated the development of ancient Chinese shipbuilding and navigation techniques, one of the best in the world then.

80分
中国邮政
CHINA
郑和下西洋600周年
2005-13
郑和像
(3-1) J

80分
中国邮政
CHINA
郑和下西洋600周年
2005-13
睦邻友好
(3-2) J

80分
中国邮政
CHINA
郑和下西洋600周年
2005-13
科学航海
(3-3) J

1 郑和七下西洋

Zheng He's seven voyages to the western world

1405年，郑和率领庞大船队扬帆远航，揭开了世界大航海时代的序幕。他以博大胸襟与过人胆识，不畏艰辛，将中国的航海事业铭刻在世界航海史的里程碑上。其航海的伟大壮举，让大批中国人走出国门，走向海洋，走上人类文明交汇的大舞台，以伟大的实践，谱写了15世纪人类文明史上的壮丽篇章。

郑和（1371—1433）是中国明代的大航海家，本姓马，原名马三保。其祖与父都到过麦加朝圣，所以他幼时就对外洋情况有所了解。

幼年时，郑和入宫为宦官，被分到燕王朱棣府中。后随朱棣起兵，因功被赐姓“郑”，始名“郑和”，并升任为内官监太监，官至四品。

郑和有智略，知兵习战，明成祖朱棣对其十分信赖。永乐三年（1405），郑和受明成祖委派，率领巨舶60余艘、士卒及随行人员27800余人，开始了举世闻名的下西洋之行。

◇ 郑和下西洋（极限片）

◯ 郑和（马达加斯加，1998，小版张）

船队满载丝绸、瓷器、金银、布匹等物自太仓刘家港出发，经福建长乐，沿我国东海、南海而下，乘风破浪，访问了占城、爪哇、旧港（今印度尼西亚巨港）、苏门答腊、锡兰（今斯里兰卡）等国家和地区，最后经古里返回中国，历时两年零两个月。永乐五年（1407）九月郑和回到南京。苏门答腊、古里、满剌加（今马来西亚马六甲）、小葛兰（今印度科钦南）、阿鲁（今苏门答腊岛日里河流域）等国国王遣使随船队来到中国。

本次下西洋，规模巨大，在中国历史乃至世界历史上都是首屈一指的。郑和首次下西洋比哥伦布1492年到达美洲早87年，比达·伽马1498年到达印度古里早93年，比麦哲伦1519年环球航行早114年，更不必说船队规模也是遥遥领先于这三位后来人。

首次下西洋后，郑和又分别于永乐五年（1407）、永乐七年、永乐十年、永乐十四年、永乐十九年、宣德五年（1430）六下西洋，访问30余国，最远处到达今非洲东岸肯尼亚的蒙巴萨。

郑和下西洋的开洋之地福建长乐，有理想的泊船天然良港——太平港。据《长乐县志》记载：明初长乐县西半里许，有条水面广阔的大港，旧名马江，后改名为太平港。太平港背负首石、六平山麓，左有金鸡山屹立，右有四明山环卫，前有巍峨雄伟的浮峰山作为屏障，是一处不可多得的天然避风港。

郑和见此处水深港阔，潮汐涨落规律稳定，气候适宜，港濒城郭，补给方便，适合船队驻泊，便以长乐作为舟师驻泊基地和开洋扬帆远航的起点。

由于沙船平底只能近海航行，不能远航，郑和七下西洋，船队无论是从南京宝船厂，还是太仓刘家港启航，均要到长乐太平港驻泊，换乘福船，才能远航出使西洋。在太平港驻泊，短则两个月，长则一年，集结船队，修造船舶，招募水手，整编训练，补充给养，购置物资，祭祀海神，等候东北季风到来。如今珍藏于长乐市郑和公园内郑和史迹陈列馆的“天妃灵应之记碑”，便是郑和第七次下西洋前，在长乐等候季风时刻下的，碑中明确记载：“若长乐北山之行宫，余由舟师累驻于斯，伺风开洋。”正是郑和船队多次驻泊长乐的记录。

“天妃灵应之记碑”是我国迄今发现仅存的详细记载郑和航海史实的珍贵实物资料。碑文用1100多字讲述了前六次下西洋经过、成果和第七次下西洋的任务，以及在长乐修建寺、宫、殿和刻碑、铸钟的情况，是研究我国明代海外交通史及中外交往史的重要实物资料，是中外友好往来、文化交流的历史见证。

郑和七次航行的总航程达七万多

○ 长乐“天妃灵应之记碑”

海里，可绕地球三周有余。前三次航行集中在印度半岛以东的区域，主要出于恢复旧有航线的目的。后四次航行则逐渐向西延伸，开拓了通向西亚、东非的新航线，从而把中国的对外经济文化交流拓展到前所未至的地区。

宣德八年（1433）四月，在第七次下西洋返回途中，郑和在印度西海岸古里病逝，宣宗赐葬于南京牛首山麓。

郑和七次远航把中国带向了世界，船队“遍历诸番国，宣天子诏”；也把世界带给了中国，“诸国使者，随和朝见”者无数。

郑和七下西洋的伟大壮举，是中华民族自古就致力于同世界各国人民友好往来的实证。郑和的伟大之处，在于他不但是一个航海家、外交家，而且他是以一种睦邻友好的方式与各国往来，公平交易，因而深受各国人民的尊敬与爱戴。

文献记载，郑和船队到达印度古里后，深受当地民众欢迎，郑和高坐宝象之上，在印度官员陪同下游览街市；群众载歌载舞，以最高的礼遇欢迎郑和的到来。而相比之下，当年葡萄牙殖民者达·伽马率领舰队到达印度古里时，曾大肆屠杀当地居民，抢掠金银财宝，行

○ 郑和下西洋（极限片）

◎ 郑和下西洋600周年（2005，小型张）

径十分野蛮残暴。葡萄牙人麦哲伦航行到菲律宾宿务岛时，亦无端对土著民族进行攻击，引起激烈反抗，被对方用毒箭射死。

郑和船队到达阿拉伯地区时，在所到之处也深受当地民众的爱戴。郑和船队出航时装载礼品，如瓷器、丝绸、茶叶、漆器、金属制品、铜钱铁器等，换回的主要是珠宝、香料、药材、珍奇动物等。

据史书记载，郑和船队曾到达属于非洲地区的木骨都束（今索马里摩加迪沙）、卜剌哇（今索马里布拉瓦）、竹步（今索马里准博）、麻林（今肯尼亚马林迪）等国，在非洲，郑和一行同样受到很高的礼遇。

在进行贸易的同时，郑和既了解了亚非各国的山川物产、民情风俗，开阔了视野，增长了知识，又传播了中华礼仪和儒家思想、历法和度量衡、农业技术、制造技术、建筑雕刻技术、医术、航海造船技术等，促进了亚非国家和地区的社会经济发展。郑和出色地将中华文明远播海外，在中外文化交流史上写下了绚丽的篇章。

2 郑和时代的航海技术

Navigation techniques in the times of Zheng He

郑和七下西洋的航海行动，是中国航海史上的空前壮举，既是中国航海领先世界的一次大展示，也是对中国古代造船与航海技术的一次总检阅。

中国古代造船技术发展到明代，已经产生了沙船、广船、福船三种船型。沙船最初是为适应长江下游地区泥沙淤积的河流特征而创制的，它以平底船为基础，是方头方梢平底的浅吃水船，多桅多帆，长和宽的比例较大，因吃水浅，行驶平稳，在水浅沙多的水域得到广泛应用，自唐代问世以后，沙船便是普遍使用的主要船型之一。

◯ 郑和宝船（明信片）

◯ 福船（极限片）

广船产于广东，它的基本特点是头尖体长，上宽下窄，线型瘦尖底，梁拱小，甲板脊弧不高，结构坚固，有较好的适航性能和续航能力。最有特点的地方是其张开如折扇的帆形，此外，其在中线面处深过龙骨的插板也为减少船只的摇摆起到一定作用。

福船是一种尖底海船。古代福船高大如楼，底尖上阔，首尾高昂，两侧有护板。全船分四层，底层装土石压舱，二层住兵士，三层是主要操作场所，最上层一般用来作战。郑和下西洋时所使用的宝船，正是采用了福船的船型。明代造船工厂遍布全国，以江苏、福建、湖广、浙江等地最发达，宝船主要在江苏太仓和南京两地建造，福建福州也造一部分。

动力推进系统方面，郑和宝船在桅帆和桨橹这两个重要环节上采用了独特的设计。与当时欧洲帆船采用的分段软帆不同，郑和宝船在总体设计上采用纵帆型布局、硬帆式结构，帆篷面上带着撑条，相当于筋骨，起加固作用。这种帆虽然较重，在升起时比较费力，但却拥有极高的受风效率，能提高船速。并且桅杆不设固定横桁，适应海上风云突变的情况，调戗转脚灵活，能有效利用多面来风。

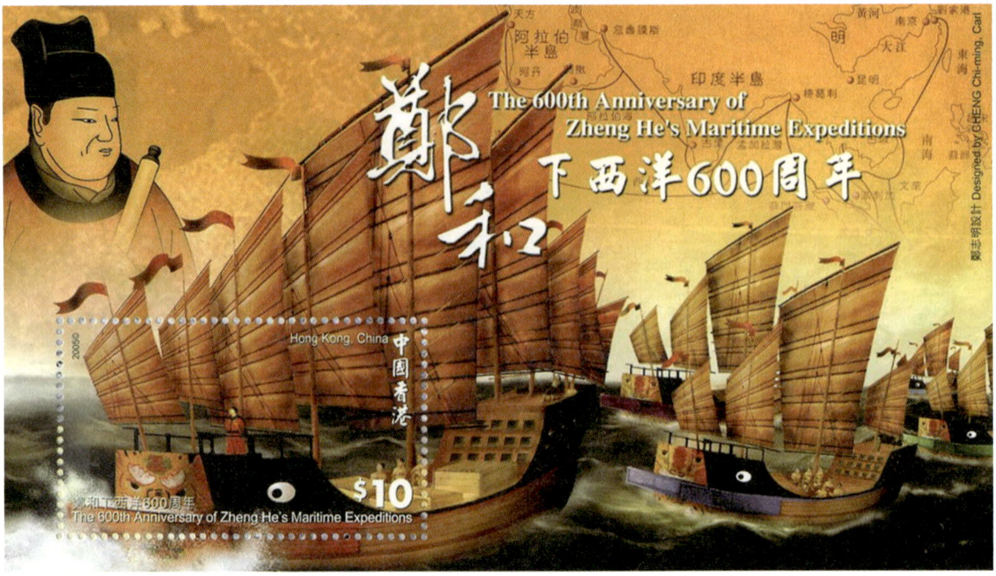

○ 郑和下西洋600周年（中国香港，2005，小型张）

此外，郑和宝船在两舷和船尾设有长橹。这种长橹入水深，橹在水下半旋转的动作类似今天的螺旋桨，推进效率较高。在无风的时候也可以保持相当的航速，在狭窄港湾、拥挤水域亦可航行。

郑和下西洋船队的船舶可分为6种类型：一为宝船，据明顾起元《客座赘语·宝船厂》记载："大船长四十四丈四尺，阔一十八丈。"载重量近千吨，是船队领导成员和外国使节乘坐的，并装载有给各国的礼物及各国的贡品，是整个船队的核心，也是当时世界上最大的船只；二是马船，船长37丈，宽15丈，主要用于运送海员、马匹、物资及作战；三是粮船，长28丈，宽12丈，主要运载粮食和生活用品；四是坐船，长24丈，宽9丈，主要供船队官兵乘坐；五是战船，长18丈，宽7丈，是专用于武装护卫的船只；六是水船，专门用于积贮、运载淡水。

郑和航海，是以高度发达的造船业与航海术作为保证的。宋元时代，航海过程中已经用上了罗盘针，可以在茫茫大洋上进行天文定向与定位；海船使用水密隔舱技术，舱壁用双层松木板料，一舱破损漏水，对邻舱无影响，可以持续远航；船员能够绘制海图，在出海时使用航路指南和回回海图，还知道利用海洋信风与洋流往返。

郑和船队中，驾驶船只的都是闽、粤、浙沿海具有数十年丰富航海经验的船工。他们熟知潮势、季风、洋流等自然规律，对西太平洋—北印度洋海区的水文地理已经相当熟悉。在航行于亚非诸国的过程中，又积累了丰富的航海经验和科学知识。

郑和六下西洋之后，明宣宗朱瞻基酝酿再下西洋，命人将此前郑和船队的航程进行整理，绘制成图籍，形成《郑和航海图》，该图籍原名《自宝船厂开船从龙江关出水直抵外国诸番图》，它是世界上最早的一部航海技术文献和航海地图。图以南京为起点，遍及今南海及印度洋沿岸诸地，一直画到非洲东岸。图以航线为主，画出山形、岛屿、暗礁、浅滩等地貌，还标明航程、导航的陆标、测水深浅、观测星辰高低、停泊处所等。其中的过洋牵星数据和《过洋牵星

○ 过洋牵星术（极限片）

图》，为后世留下了中国最早、最具体完备的关于牵星术的记载。这不仅是研究郑和下西洋以及中西交通史的重要图籍，也是世界地图学、地理学、航海史等诸多学科的重要参考资料。

郑和航海在所到之处进行的政治、经济、文化活动，谱写了中外人民世代友好的篇章，船队总结的航海经验和开拓的航路，也是留给后人的丰富珍贵的文化遗产，永远值得后人景仰和纪念。跟随郑和下西洋的费信著有《星槎胜览》，马欢著有《瀛涯胜览》，巩珍著有《西洋番国志》，记述航海见闻，是研究中外关系史、航海史的重要资料。

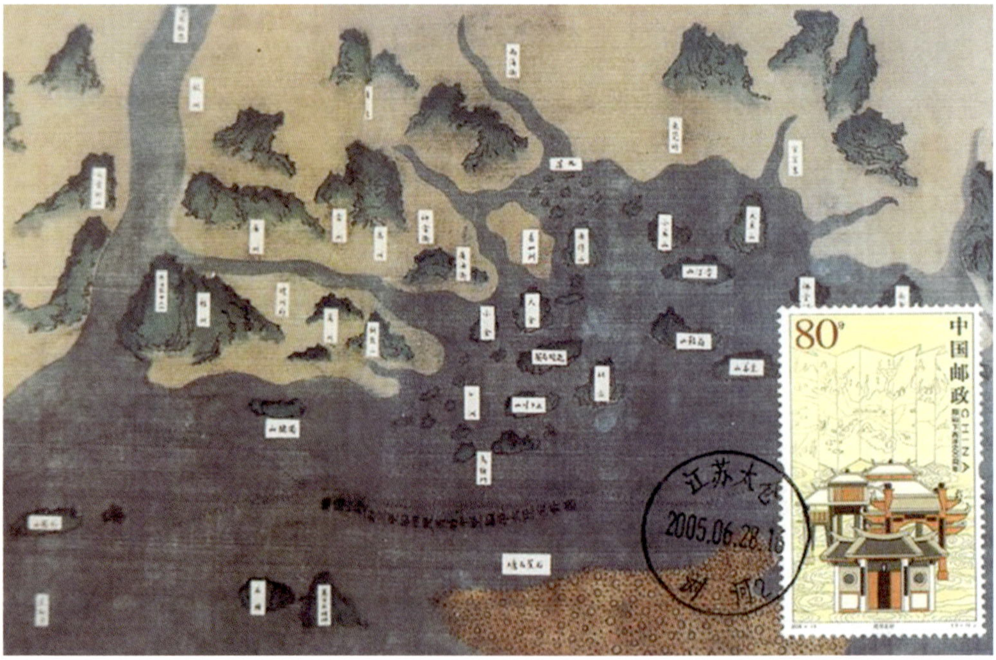

◯ 郑和航海图（极限片）

3 随同郑和来华的使者

Foreign envoys following Zheng He to China

◯ 郑和下西洋580周年（1985）：
4-1伟大的航海家郑和
4-2和平的使者
4-3贸易与文化交流
4-4航海史上的壮举

郑和下西洋增进了我国与亚非各国家、地区之间的友谊，促进了交流交往。据《明朝对外交流》一书统计，永乐帝在位22年，与郑和下西洋事件有关的亚非国家使节来华共318次，平均每年近15次，盛况空前。最多一次有18个国家朝贡使团同时来华。渤泥（今加里曼丹岛）、满剌加、苏禄（今菲律宾岛南部）、古麻剌朗（在今菲律宾）、锡兰5国国王9次来华，是古代外交史上前所未有的。还有3位国王在访问期间在中国病逝，他们立遗嘱要托葬中华，明朝都按照王的待遇进行厚葬。

郑和下西洋的活动，极大地促进了东西方经济文化的交流。永乐年间，各国来中国的使节和商队络绎不绝，永乐二十一年（1423）忽鲁谟斯（今伊朗阿巴斯附

○ 郑和下西洋600周年（中国香港，2005）

近）等国来到中国的有上千人。郑和远航后，明代出国到海外移民的人数也开始明显增多。他们把中国文明带到各国，为当地的社会发展与进步出了一份力。通过郑和远航，享誉世界的中国丝绸与瓷器大量流播到亚非各国，成为亚非广大地区人民日常生活中的必需品。而当时从亚非各国运到中国的货物也琳琅满目，达180多种。

郑和第一次下西洋时，苏门答腊、古里、满剌加、小葛兰、阿鲁等国国王遣使随船队来中国。其后各国怀着对中国的仰慕，纷纷遣使来华访问，而来自不同国家和地区的物产、风俗、文化，更在中国人眼中呈现出迷人的风采。

永乐七年（1409），郑和三下西洋时就路过苏禄，在都城和乐与苏禄第二代东王叭哈剌会晤，并赠予对方丰厚的礼物。叭哈剌十分仰慕富庶繁荣的中国，与郑和一见如故，请求随船到中国“朝觐观光”，但郑和当时还要继续西行，归期未定，因而婉拒了他的请求。

郑和走后，叭哈剌向西王、峒王转述了中国的盛况，令二王羡慕不已，于是三王决定共同设法赴华。永乐十五年（1417），东王巴都葛叭哈剌、西王麻哈剌叱葛剌麻丁、峒王妃叭都葛巴剌卜及随员、家属等共340多人渡海来到中国。当时，明成祖朱棣正在为迁都北京做准备。苏禄三王抵达南京后，又换船沿运河北上，在北京逗留了整整27天，受到朱棣的隆重接待和赐封。据史料记载，菲律宾三王向朱棣进贡了“金镂表文”和珍珠、宝石、玳瑁诸物，而朱棣则赐三王“印诰、袭衣、冠带及鞍马、仪仗器物，其从者亦赐冠带有差”。

叭哈剌由于南北往返、舟车劳顿、水土不服等原因，在沿运河南下至山东德州时，因病医治无效与世长辞，留葬中国。朱棣闻讯后，派礼部郎中陈士启前往祭奠，以国王礼节将叭哈剌葬于德州，赐谥号“恭定”。

郑和出海航程最远的是第五次。永乐十五年（1417），经过四次下西洋实践的郑和，这一次又顺利地到了马来亚半岛西岸的满剌加。从这里，船队分头出发。其中一部分船只，穿过马六甲海峡，到忽鲁谟斯和阿丹（今亚丁）；另一部分船只穿过马六甲海峡后，先到了锡兰，又继续西行，经过20多天的行驶，到了非洲大陆。船队继续沿岸南驶，一直驶到非洲东海岸的慢八撒（今肯尼亚蒙巴萨）。这是郑和

◯ 郑和在南亚地区（极限片）

◯ 郑和在阿拉伯地区（极限片）

船队最远的一次航行。这次出访，满剌加、古里、爪哇、占城、锡兰、麻林等十几个国家都遣使随船到中国朝贡。他们辞还时，明成祖命郑和与其偕往，并赐各国国王锦绮纱罗彩绢等物。应柯枝（今印度柯钦）国王可亦里之请，成祖还赐其印诰并封其国之山为镇国山，亲制碑文赐之，以志友好。

郑和船队七下西洋，有五次到满剌加。郑和下西洋船队来此候风停泊和中转货物，给这里带来了中国的文化与产品，这里的国王也隆重迎接中国的友好使者，大力支持郑和远航。郑和船队开往占城、爪哇等国都先在满剌加停泊；由暹罗（今泰国）、忽鲁莫斯等国回程时，也在满剌加稍作休息，等候信风驶返中国。

◯ 东南亚郑和史迹（极限片）

郑和下西洋的20多年期间，满剌加曾经有3位国王和26批次使臣先后访问了中国，明廷每次都馈赠重礼，将其作为贵宾款待。据说永乐皇帝还将汉丽宝公主嫁给满剌加苏丹曼苏尔沙，足可见两国友谊至深。马六甲古城至今还保存着汉丽宝公主井，以及与郑和密切相关的三保山、三保井和三保庙等古迹。

◇ 郑和在东非地区（极限片）

中国与斯里兰卡的交往也是由来已久。早在中国东晋时期，高僧法显赴西域游历时，就曾到过此地。郑和七下西洋时也曾多次抵达这里。

据《明史》记载，明天顺三年（1459），锡兰国王派王子世利巴交喇惹出使中国，朝觐明朝皇帝。不料，就在王子即将从泉州登船回国时，却得知国内发生了政变。锡兰王子含泪换了衣冠，从此在泉州隐姓埋名下来。后来被明朝皇帝赐姓为“世”，即取其名字的第一个字“世”为中国姓。

20世纪末，被称为“世家坑”的锡兰王子家族墓区在泉州被发现后，文物部门进行了大规模清理。人们发现，在这个世家墓地上，散落着几十座明清时期的墓葬，几乎所有的墓碑都刻有“锡兰使臣”四字。随后，当地政府将“世家坑”定为重点文物保护单位。如今，世家的后代仍有不少在泉州和台湾定居。

1405年至1433年，郑和七下西洋，最远到达非洲东岸，将海上丝绸之路的发展推向了一个新高潮。郑和下西洋外交成就是第一位的，七下西洋礼访亚非30余国，其影响十分深远。

◇ 郑和下西洋600周年（中国澳门，2005，小版张）

陆

Chapter 6

流光溢彩中国风

The dazzling Chinese styles

海上丝绸之路对外输出的中国产品，包括各类瓷器以及漆器、玉器、景泰蓝、扇子乃至园林建筑等中国文化的瑰宝，不仅在东南亚极受欢迎，在欧洲、美洲更受青睐。一时间，使用与收藏中国工艺品成为了当地风尚。

A diversity of Chinese products were exported through the Maritime Silk Road, such as porcelain, lacquer ware, jade ware, cloisonne, fans and even garden architecture. They were very popular in Southeast Asia, Europe and America. People used and collected Chinese handicrafts and spread the fad around the world.

2010
300 Jahre
Porzellanherstellung
55
in Deutschland

1 中国风尚：明清贸易中的外销瓷

Chinese porcelain traded in the Ming and Qing Dynasties

通过海上丝绸之路对外输出的中国产品中，瓷器、丝绸、茶叶是大宗外销品，与宋元时代中国瓷器主要销往东南亚、西亚、北非等地不同，明清时代，随着地理大发现之后海上交通的发展，中国瓷器直接大量远销欧洲。来自遥远东方的中国外销瓷，不仅改变了欧洲人的一些生活习惯，也成为西方认识中国的一个窗口，并日渐形成了一种充满异域情调的独特艺术品位——“中国风尚”，流行于18世纪的欧洲上流社会。

◇ 工艺品陶瓷（西班牙，极限片）

○ 青花人物纹盘（葡萄牙，极限片）

明永乐至宣德年间，中国官方船队多次到达东非，进行大规模贸易。这一时期，私家海商贩运中国瓷器到东非的应当也不在少数。中国瓷器运到东非沿海港口后，经过分销商人辗转贩往非洲、欧洲各地。明中期以后，马六甲海峡先后为葡萄牙人和荷兰人所控制，前往波斯湾、东非的中国海商逐渐减少。葡萄牙人是最早贩运中国瓷器的欧洲商人，荷兰人作为17世纪海上马车夫，也是中国外销瓷的积极推动者。1603年，荷兰人截获了葡萄牙船只“圣卡特琳娜”号，船上装载的是青花瓷器，从此，同样风

○ 青花瓷器（葡萄牙，极限片）

格的瓷器在欧洲都被称为克拉克瓷器。“克拉克”（Kraak）在荷兰语中是“葡萄牙战舰”的意思。克拉克瓷器后来泛指明末清初（主要是明武宗正德年间之后）中国外销欧洲的定制瓷器。其装饰图案虽以中国风格的纹饰为主，但却为迎合海外消费者做了适度的改造。

随着瓷器贸易量的逐年增大，市场导向明显的定制瓷器逐渐成为外销瓷的主流，出于经济原因，在外销瓷生产过程中，中国、日本、欧洲彼此复制畅销瓷器的风格，制造出不少美丽且罕见的制品。除克拉克瓷外，另一种著名的外销瓷是“伊万里”（Imari）瓷器。伊万里瓷器原产日本，伊万里本是荷兰商船进出九州岛的港口，此地生产的日本瓷颇受欧洲人喜爱。伊万里风格后被中国工匠学去，出现了“中国伊万里”瓷器。1683年景德镇重建后，伊万里瓷器的制作和销售中心便彻底从日本转移到景德镇，后来许多欧洲工厂也仿制伊万里彩瓷。还有一种极具欧洲特色的定制瓷器——纹章瓷（盾徽瓷），纹章有家族徽章、城市徽章、团体或公司徽章、军团徽章等，纹彩以釉上珐琅彩为主，也有青花与釉上珐琅彩相

◇陶瓷（中国与比利时联合发行，2001）：2-2粉彩壶

邮票画面上的粉彩壶，是中国清代景德镇定烧瓷器，现藏于布鲁塞尔皇家艺术历史博物馆，为馆藏定烧瓷中的珍品。粉彩是一种两次烧成的彩瓷，始于清康熙晚期，成熟于雍正，乾隆以后成为我国彩瓷中的主流。粉彩的画面阴阳分明，浓淡适度，立体感强。

◇ 清乾隆广彩镂空徽章纹盘

清康熙年间，外销的纹章瓷主要是彩色的纹章瓷和青花纹章瓷两种。至雍正时期，粉彩纹章瓷开始占据主流地位。纹章瓷的彩绘产地也从原来的景德镇转向了外贸重地广州。广州生产的釉上彩瓷被称为“广彩”，乾隆时期广彩达到极盛，其特点是图案繁缛艳丽，因采用大量的描金，所以在视觉上给人一种富丽堂皇之感，故又被称为“织金彩”。

结合，主要销往葡萄牙、西班牙、英国、丹麦、比利时、荷兰、德国、法国等国家。

欧洲人贩运的瓷器，除了购自中国以外，还有相当一部分购自东南亚和南亚。据统计，1643年，荷兰人从印度贩运来的瓷器近11万件，1645年达约20万件。

中国瓷器一直受到欧洲人的珍爱，表现中国瓷器最有代表性的一幅作品——意大利文艺复兴时代威尼斯名画家乔凡尼·贝利尼的《群神宴》，现藏美国华盛顿国立美术馆。画面中央有三件盛水果和汤的大钵，据专家考证，它们的形制与纹样都明显为明宣德成化间风格，是典型的明代青花瓷器。此画作于1514年，画中的这类瓷器，应于地理大发现之前就已经被运到欧洲。

外销瓷图案在最初阶段是纯粹的中国风格，随着定制瓷器成为主流，欧洲风景、欧洲人日常风情、宗教内容、希腊罗马神话人物和情节都出现在中国出产的外销瓷器上，同时图样风格逐渐呈现中西合璧特征，后来则以单纯欧洲风格的设计图样为主。

拥有中国瓷器，既是身份的体现，也是一种时尚，收藏和使用精美的中国瓷器，已成为崇尚文明、追求高雅乃至炫示财力的象征。社会上热爱中国瓷器的风气和瓷器高昂的身价，推动了欧洲本土制瓷业的发展。1540年威尼斯人试制了一种称作“梅狄基”（Medici）的瓷器，虽与中国瓷相似，但器形粗糙，色泽发黄。一个世纪以后，这种制瓷技术传到荷兰，产出的瓷器被称为“代尔夫特”（Delft）瓷。在这一时期的意大利和法国，出现了与中国瓷器更加相似的

◯ 代尔夫特青花盘（荷兰，极限片）

仿制品。它们用石英、黏土和其他原料制成，具备了被欧洲人大为推崇的中国瓷器的那种洁白透明的胎体。

最终成功研制出欧洲最早瓷器“梅森”（Meissen）瓷的，是德国人伯特格。他利用奥古斯特二世收藏的2600多件泉州德化产“中国白”瓷器，进行仿制，日夜不停地从事制瓷试验，并最终于1709年研制成功。1710年伯特格在德累斯顿附近的梅森设立作坊，以高岭土为原料，用高温制成硬瓷。

◇ “梅森中国白”的研发（德国，2010）

近代德国画家基斯林的一幅油画，画的是奥古斯特二世听取发明人伯特格汇报“梅森中国白”研发进展的过程。这里所谓的“中国白”即“中国白的故乡、瓷艺术的摇篮”泉州德化所产的瓷器，这种“中国白”被赞为“象牙白”“奶白”或“天鹅绒白”。

欧洲掌握了陶瓷制造技术之后，逐渐发展出高档瓷器，而此时中国外销瓷以其物美价廉，成为欧洲千家万户民宅室内陈设的装饰品和日常使用的生活用具。据推算，18世纪流入欧洲市场的中国瓷器应在1亿件以上。明清时代，通过海上丝路远销欧洲的中国瓷器，构成了一道亮丽的风景线。

2 越洋遗珍：外销工艺品与非物质文化遗产

Exported handicrafts and intangible cultural heritages

随着海上丝绸之路的进一步开发，中国的工艺品与非物质文化遗产也传到了欧洲乃至世界各地。其中的漆器、玉器、景泰蓝、外销扇，甚至是园林建筑等都对世界产生了很大的影响。

漆器，是用漆在木、织物、金属等材料做成的器物胎骨上加以涂饰并装饰图案的工艺品。漆器的漆，是从漆树上采割下来的天然汁液，俗称“大漆”“土漆”，调入各种颜料后可以配制成不同颜色的漆料。这种漆料作为涂料，能使器物不仅光彩照人，而且耐潮、耐高温、耐腐蚀。

1698年和1701年，法国船只“昂菲德特”号两度来华，从中国运去了大批的中国工艺品，其中的漆器深受欧洲人喜爱，一时间穿丝绸衣服、摆设中国瓷器与漆器成为了法国的风尚。

当时中国流传到欧洲的漆器多是屏风、家具以及花瓶、酒具、咖啡具等。这些漆器

○ 中国古代漆器（1993）：
4-1新石器 · 朱漆木碗
4-2战国 · 彩绘乐舞鸳鸯形盒
4-3元 · 剔红紫萼圆盘
4-4清 · 菊瓣形朱漆盒

◇ 和田玉（2012）：
4-1玉辟邪
4-2玉长乐谷纹璧
4-3鎏金银托盘双耳玉杯
4-4玉双童洗象

的传入大大促进了欧洲各国的漆器生产。至17世纪，法国已经能够仿制相当精致的漆器了。18世纪则成为欧洲漆器史的黄金时代。

中国玉器制作发端于新石器时期，隋唐以后朝着民间化、生活化方向发展，明清时期达到巅峰，并形成了追求精雕细琢装饰美的艺术风格。明清玉器，随定居海外的华人华侨数量的增多，出口数量也日渐增多。一些珍稀的品种，也不断被国外个人和博物馆收藏。

◇ 玉器

谦谦君子，比德于玉。玉器包含了人们无穷无尽的理想追求和精神向往，玉器之美，在于它的自然之美、造型之美、雕琢之美，更在于内涵之美、人文之美，故有“君子无故玉不去身”“守身如玉”之说。

◯ 景泰蓝（2013）：
6-1元·缠枝莲纹鼎式炉
6-2明·出戟花卉纹花觚
6-3清·天鸡尊
6-4清·缠枝莲纹多穆壶
6-5清·兽面纹提梁卣
6-6明·缠枝莲纹直颈瓶

景泰蓝是中国传统手工艺品之一，又称“铜胎掐丝珐琅”，是一种在铜质的胎型上，用柔软的扁铜丝，掐成各种花纹焊上，然后把珐琅质的色釉填充在花纹内烧制而成的器物。它集美术、工艺、雕刻、镶嵌、玻璃熔炼、冶金等专业技术于一体，古朴典雅，精美华贵，具有鲜明的民族风格和深刻的文化内涵。

19世纪中后期开始，景泰蓝制品受到西方人的青睐，工艺随之有了发展。咸丰年间，就有德兴成、全兴成、天瑞堂等数家私人商号精心研究珐琅一业。八国联军侵华后，海禁大开，景泰蓝向国外出口。在这种对外贸易经济的刺激下，除了官营珐琅作坊外，民间开商号和店堂的热潮更盛，老天利、宝华生、静远堂、志远堂等店纷纷开设起来。1904年，老天利生产的宝鼎炉在美国芝加哥世界博览会上获得一等奖后，又在1915年巴拿马万国博览会上再获一等奖。因此，景泰蓝在国际上声誉大振，各国纷纷前往争购，出现一派繁荣景象。

○ 明、清扇面画（1982）：
6-1明 · 沈周 · 秋林独步图
6-2明 · 唐寅 · 枯木寒鸦图
6-3明 · 周之冕 · 竹雀图
6-4明 · 陈洪绶、白汉 · 松下题诗图
6-5清 · 恽寿平 · 菊花图
6-6清 · 土武 · 梧禽紫薇图

中国扇子曾流传至日本及欧美，对这些国家与地区的扇子生产乃至宫廷礼仪都产生过一定的影响。清代时，中国向欧美出口了各种各样的工艺品，其中就不乏扇子。据统计，光绪二十一年（1895）从广州出口到西欧各国的扇子的数量就达到了1100万把。

中国外销扇工艺精美，通常被欧美上流社会人士用于装饰、欣赏或显示身份。扇子是女性优雅时尚的象征，也是社交礼仪和服饰装扮中不可或缺的饰物，由于方便随身携带，中国扇子曾被欧洲上流社会贵妇、少女们当作比拼时尚的工具，风靡于各种社交场合。

1881年，荷兰阿姆斯特丹曾举办中国产品展览会，会上展示了出口到欧洲的中国外销扇，扇子的产地包括牛庄、汉口、上海、宁波、台湾、汕头、广州等地，其形制有团扇也有折扇，其材质则主要是象牙，另有羽扇、纸扇、绢扇、葵扇、玳瑁扇、贝雕扇、漆扇、檀香木扇、银缧丝扇等，而扇面既有纸面、广绣、羽毛，也有彩绘和油画，更有象牙贴面等。更有一种与中国传统扇截然不同的骨扇，仅由扇骨构成，用丝带连缀，展开后扇骨相叠自成扇面，则是外销扇的独创。

作为中国旧式的载人交通工具，轿子于17世纪首次传入欧洲。欧洲王公从中国学得按轿子的颜色和形制区分等级的制度。1727年维也纳举行了一次遵循等级的轿

◇ 传统交通工具（中国澳门，1987）

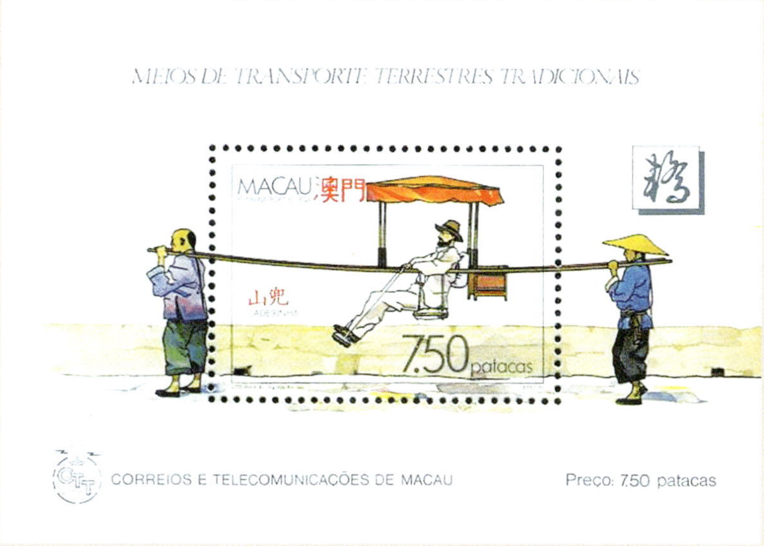

◇ 传统交通工具—轿子（中国澳门，1987，小型张）

列出巡大典，德国皇帝乘坐特别华丽的轿子走在前列，后面是大小官员的轿子。高级贵族、官吏乘轿的风气在德国、奥地利等国一直延续到19世纪中叶。

园林艺术是对欧洲产生重大影响的中国艺术之一。明清以来，西方传教士逐渐把中国的园林风格介绍到欧洲，引起了欧洲园林建筑家们极大的兴趣。18世纪左右，欧洲掀起了一场“中国园林热”，英法等国都开始借鉴、模仿中式园林，在私人花园内营造小桥流水、亭台楼阁、宝塔假山，甚至移种圆明园的花卉。

明清以降，尤其是十八、十九世纪，中国艺术品通过海上丝绸之路大量销往西方。这些外销艺术品，既因其出自中国技工之手，传承了中国的传统风格与审美，又因其面向欧洲市场，别具西洋情调与趣味，形成一种中西合璧的艺术风尚。这些中国外销艺术品，对西方的建筑设计、装饰艺术、生活方式等都产生了深远的影响，成为这一时期中西文化对话与融合的例证。而随着传统工艺的日渐式微，很多外销艺术品的生产技艺，也已经成为一种珍贵的非物质文化遗产。

◯ 苏州园林—网师园（2003）：4-1殿春簃 4-2月到风来亭 4-3竹外一枝轩 4-4万卷堂

柒

Chapter 7

家书一纸抵万金

Priceless letters sent by overseas Chinese

19世纪中叶以来，华侨通过侨批向国内亲人传递平安音信、托寄血汗钱物。侨批因此成为海外华侨与国内亲人联系的精神纽带与经济纽带，同时记录了百年来中国海外移民的历史以及海外侨民的生活状态、心路历程等，是东南亚华人移民族群的共同记忆，也是海丝历史的重要文物。

Since the middle of the 19th century, the overseas Chinese in Southeast Asia kept contact with their relatives in China by Qiaopi, with which a message of safety, hard-earned money and letters were sent. Therefore, it has become a spiritual and economic link between overseas Chinese and their families at home. It also recorded the history of China's overseas migration in the past 100 years and their living conditions and experiences, which is not only the precious memory of Southeast Asia Chinese immigrants, but also important cultural relics of the Maritime Silk Road.

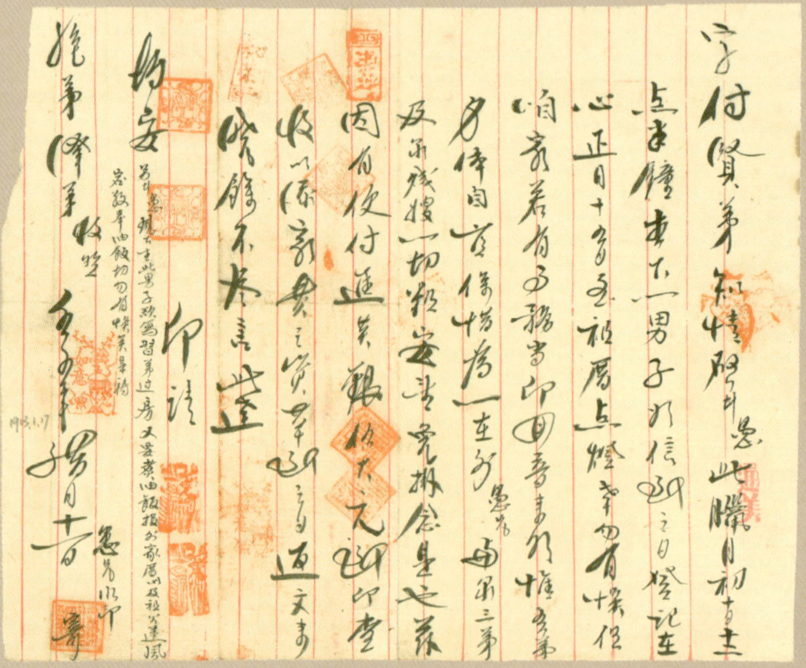

字付賢弟知情 [illegible] 此臘月初十 [illegible]
点主 [illegible] 不一男子 [illegible] 之日 [illegible] 記在
心 正月十 [illegible] 祖居点燈 幸勿有 [illegible]
咱家若有子孫 當即回音 [illegible]
另 [illegible] 一 [illegible] 再 [illegible] 三弟
及 [illegible] 一切 [illegible] 安 [illegible]
因有便付 [illegible]
收 [illegible]
[illegible] 不 [illegible]
[illegible] 安
[illegible]
[illegible] 弟 [illegible]
[illegible] 月十 [illegible]

1 侨批与下南洋

Qiaopi and the migration of Chinese to Southeast Asia

由于彼此相近的地缘关系，自古以来，东南亚便成为中国东南沿海百姓移居海外的主要目的地。早在秦汉时期，就有中国海商进入东南亚的记载。唐宋时期，中国商人遍布东南亚沿海地区，彼此之间人员往来也相当频繁。15世纪初，爪哇、苏门答腊等地出现华人聚居区。明中后期，尽管朝廷多次发布禁令限制出海，但由于早已形成的密切的海外贸易关系，前往东南亚的人口依然有增无减。至鸦片战争之前，移居东南亚的华人已有150万人之多。

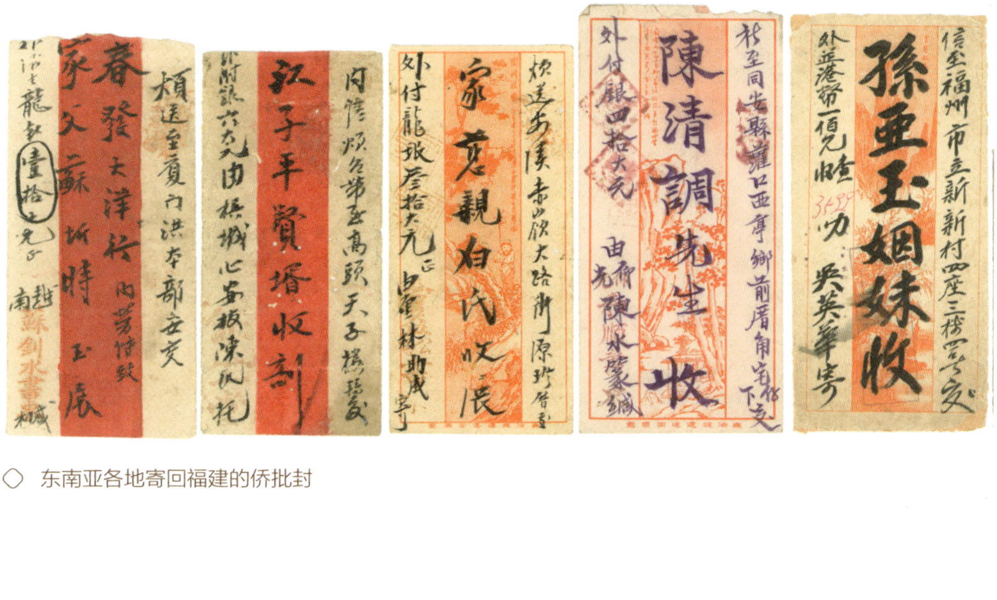

◯ 东南亚各地寄回福建的侨批封

从19世纪中叶以来，随着中国国门被强行打开，一次大规模移民东南亚的移民潮也形成了。下南洋在闽南话中也称为“过番”，它与闯关东、走西口，形成中华民族近代史上人口迁徙的三大壮举。所谓“南洋”主要包括今新加坡、马来西亚、印度尼西亚、菲律宾、泰国、越南、缅甸等在内的广大区域。下南洋之人主要来自福建、广东、海南等中国沿海区域，他们大都是贫苦农民，在家乡谋生困难，因而选择出洋打拼。

在当时国际金融邮政机构尚未建立或极不发达的情况下，下南洋的华侨要与国内亲人取得联系，传递音信、托寄钱物回故乡，于是便产生了侨批。这里的“侨”泛指海外的华侨、华人，“批”在闽南、福州、潮汕等方言中是“信”的意思。

◯ 通信（老挝，1999）

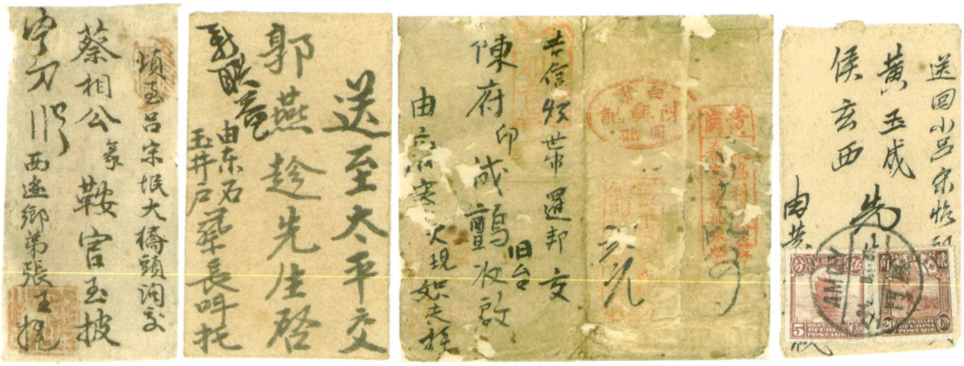

◯ 寄往东南亚各地的回批封

◇ 沙捞越侨民刘甫盈寄回泉州南安的家批（1940）

侨批这种亦汇亦信的纸质沟通载体，既记录了下南洋之人与其家乡故土眷属之间赡家汇款、情感交流等事宜，也真实记录了当时下南洋所涉及的交通通讯、移民路线、拓荒垦殖、金融汇兑、语言文化、民俗习惯等历史情况。这种海外移民群体的通信汇款方式，延续至20世纪90年代末才最终结束，历时一个半世纪。

在一封1940年7月由沙捞越古晋寄至泉州南安拾都刘林乡泉隆厝的侨批中，写批人刘甫盈开头写有“托天庇佑”的文字，显得既无助又乐观。侨批提到此前收家中寄来的书信一封，得知受日本侵华战争影响，交通阻断，国内米粮短少，物价高涨等情况，反映了战争时期中国社会的真实状况。刘甫盈在批中表示自己有把握按项逐月付寄生活费，请家里放心。尽管生活困难，但他依然不忘叮嘱家人让孩子上学读书，“两儿切当叫他入学堂读书，青年时世必要诗书为重”。

菲律宾华侨黄开物与其家人、朋友、同志间的往来侨批，涉及中菲金融、通汇、贸易、侨乡发展、华侨捐资等内容，是研究菲律宾华人华侨历史、福建侨乡、中菲关系等不可多得的第一手资料。在中国近代史上，像黄开物这样的人比比皆是。黄开物是一个从福建到海外寻梦的普通商人。他的与众不同之处就在于，留下了许多文字记录，而这些正是清末民初华侨社会的一个缩影。

“自去月廿三晚在厦起程，至廿四早到汕，廿五早到香，在香本月初二搭大名船前往，至初五日二点钟抵岷，水途平安。”家批写于清光绪丙午年腊月初五，即1907年1月18日，在黄开物寄给福建泉州府同安县锦宅妻儿的这封侨批中，详细记载了他从家乡锦宅经厦门、汕头、香港，南下马尼拉的行程：锦宅——厦门（1907年1月7日）——汕头（1月8日）——香港（1月9日）——马尼拉（1月18日）。

◇ 经济特区（1994）：
5-3汕头
5-4厦门

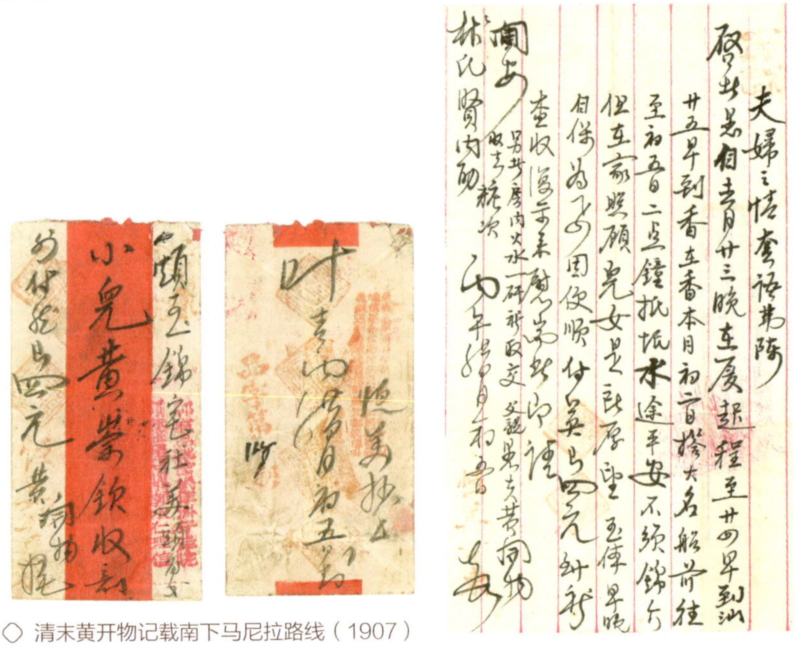

◇ 清末黄开物记载南下马尼拉路线（1907）

◯ 福建龙海天一总局建筑群

◯ 送信（缅甸，1974）

在清末，如同黄开物一样，无数的东南沿海民众在青年时期离开家乡，出海下南洋。而之后在南洋打拼的数十年间，他们通过一封封侨批和国内亲人保持着联系，寄钱回家赡养老小。最初的侨批往往是华侨委托回乡的可靠乡亲带回的，但随着寄回家乡的银信数量渐增，这种随机的寄送方式逐渐无法满足需求，于是，一批批的侨批职业经营者应运而生。这其中，以天一信局创办人郭有品和王顺兴信局创办人王世碑最有代表性。

郭有品，字鸿翔，清代福建龙溪县流传社（今漳州龙海市角美镇流传村）人。同治八年（1869），十多岁的郭有品在开店铺的长兄郭有德资助下随客头漂洋过海，前往菲律宾经商。他忠厚老实、乐于助人，

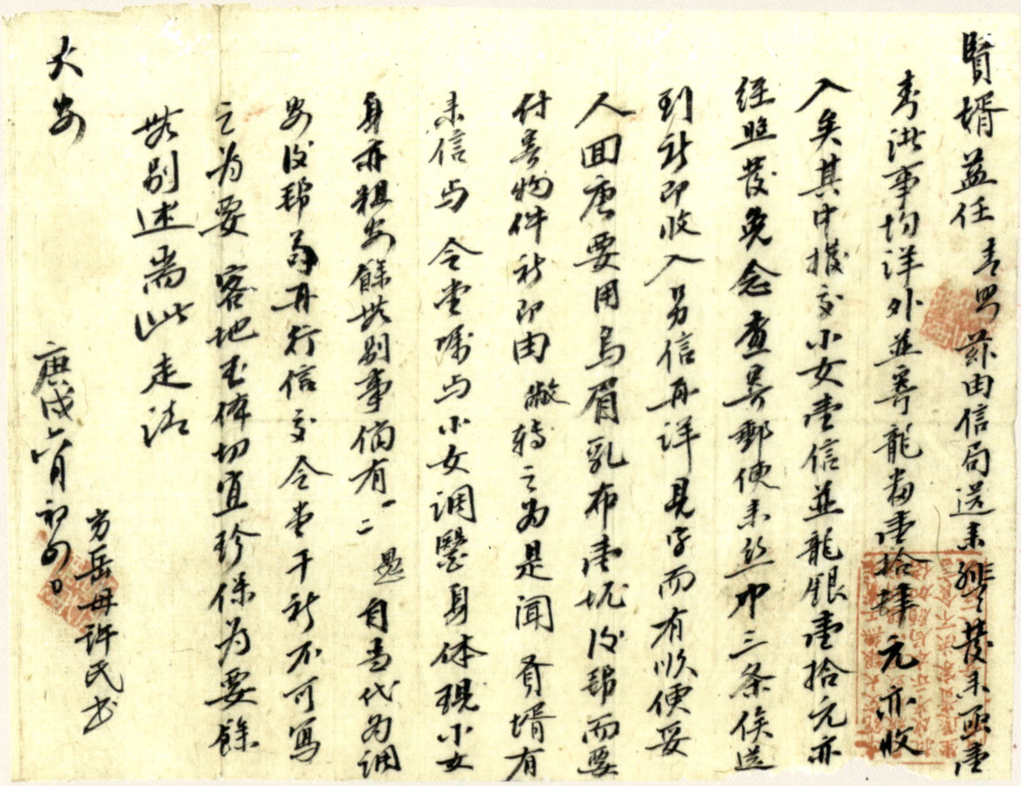

賢婿益任 青照 前由信局送來銀並來函壹
封事均詳外 並寄龍銀壹拾肆元亦收
入矣 其中撥交小女壹信並龍銀壹拾元亦
經照發免念 查寄郵便來絲巾三條俟送
到我即收入 另信再詳 見字而有順便要
人回唐 要用烏眉乳布壹疋 及帶而要
付寄物件我即由 微轉之爲是 聞 賢婿有
來信與 令堂囑與小女調醫身體 現小女
身亦粗安 餘無別事 倘有一二 愚 自當代爲調
安 及帶再行信交 令堂千萬不可寫
之爲要 客地要保切宜珍保爲要 餘
無別述 尚此走佈
大安
庚戌六月初四日 岳母許氏書

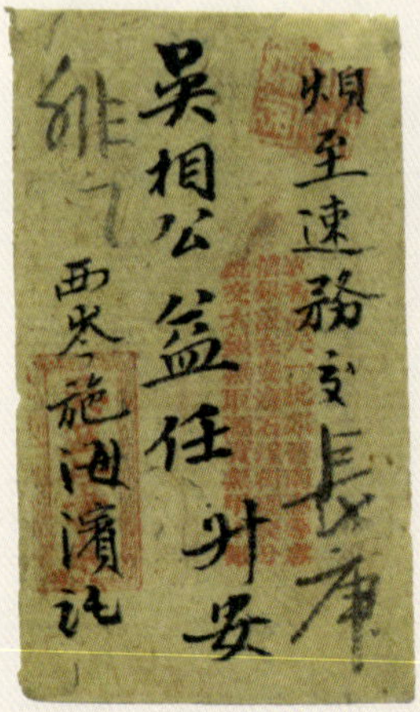

煩至速務交長庚
吳相公 益任 升安
西省施沺濱託

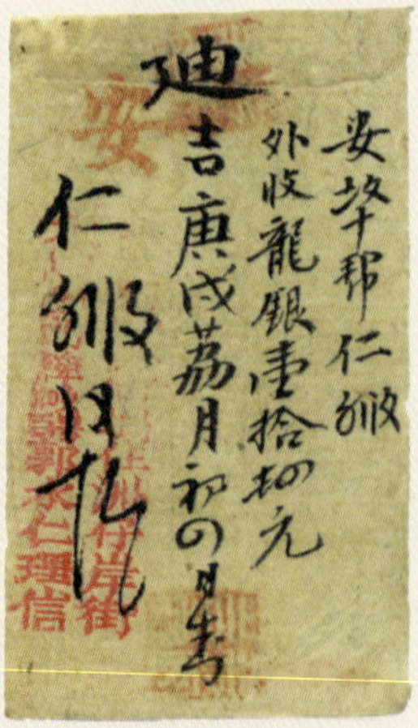

廸吉
安平郡仁撥
外收龍銀壹拾柳元
庚戌荔月初四日書
仁撥日收

◇ 经天一信局寄菲律宾宿务的回批（1910）

深得同乡侨民的信赖。同治十三年，郭有品受一些富庶侨商委托，开始专门替吕宋侨商及其雇用的华工携带银信回国。郭有品发现经营侨批寄送业务不仅可以给自己带来收益，而且可以解侨胞之急之难。他便在家乡龙溪县流传社创办了漳州首家侨批局——天一批郊。天一批郊总局设在龙溪县流传社，分号设在厦门及泉州安海，投送范围遍及闽南各地；海外设分号于马尼拉。郭有品创办天一批郊后，自己在菲律宾马尼拉收取华侨银信，并将信款带回国，回国后便雇请乡族人作为固定信差投送。

光绪二十二年（1896），郭有品成立天一信局。信局鼎盛时期，在海外7个国家设有24家收信机构，在国内设有10多家派送机构，进行专业化分工的商业运作，发展跨国网络化经营，最终成为闽南最大的民间侨批信局，在福建华侨史乃至中国邮政史、中国金融史上都占有重要的位置。

王顺兴信局创办人王世碑一生颇为传奇，他从一个穷苦水客，奋斗成为泉州“邮政之父”、无人不晓的侨批界翘楚，是侨批商人勇于拼搏的典范之一。

王世碑，泉州市新门外王宫村人（今泉州市江南街道王宫社区），自幼家境贫寒，以剃发为业。清咸丰元

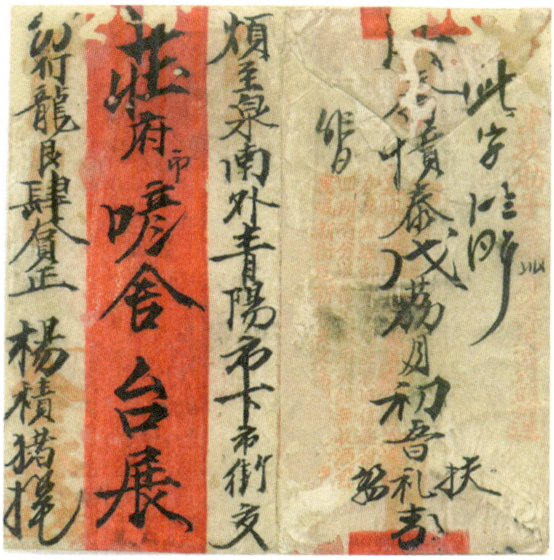

◇ 王顺兴信局寄送的侨批（1908）

◇ 王顺兴信局

年（1851），他前往厦门谋生，在一条往返厦门和菲律宾之间的大帆船上当船工。对于搭客，他每每尽心照料，因此人缘极好，深得往来搭客信任，经常帮助捎带银物书信。后来，他干脆辞去船工一职，以代客传送信款为业。当他赚取了一定名望和资本后，还雇用其他人为自己办事。光绪二十二年（1896）中国设立大清邮政机构，王世碑瞅准商机，于1898年创办王顺兴信局，专营菲律宾侨批寄送，在泉州王宫村的总局兼办邮政代办所，成为泉州最早的邮政代办机构。由此，王世碑被誉为泉州"邮政之父"。

侨批记录了先辈漂洋过海、身处异域而心怀桑梓、艰苦创业的苦难历程，内容繁杂多样，但都真实反映了一个时代基层人民的生活面貌与社会图景。侨批家书是不会说谎的历史，是最真实、最朴素、最珍贵的原始资料。它集人文信息、政治经济、风俗民情等方面内容于一体，是华侨社会的"百科全书"，侨史界的"史料矿床"。因此，侨批是我们讲述海丝故事的第一手资料。

2 侨批与中华传统文化

Qiaopi and Chinese traditional culture

侨批讲述的，既是一部南洋华侨移民史，也是一部海上丝绸之路文化交流史。中国人移民至东南亚等地，积极参与侨居国建设，对侨居国的经济、政治、文化等做出了巨大的贡献。与此同时，华人群体在不同程度上依旧保持着中华文化的信仰、价值观、习俗等，也和故土存在千丝万缕的联系。侨批，这种以文字记录为主的媒介，架起了海外华侨华人与国内侨眷之间双向交流的桥梁，促进了侨居国与祖国之间的友好交往，传播与共享了人类文明之成果。

◇ 财神爷（泰国，2012）

华侨受到中华传统文化中的儒家伦理思想影响，非常重视家庭的凝聚力。远涉重洋的华侨，虽身在异域，打拼奋斗，却心系家园，不忘亲情，有机会就寄信“搭钱”、寄“番银”回家，赡养家人。一封于1898年12月寄出的侨批，讲述了写批人李种德身为马来西亚的“新客”，谋生未获利，便先借钱寄回家的情况，就是一个很好的例证。这充分说明了下南洋之人

◎ 漳州木版年画（2009）：
4-2日日进财
4-3天仙送子

（一般为男性青壮年）对妻儿、父母的爱，他们勇于承担家庭的重担，具有很强的家庭责任感。

海外侨胞长年生活在异国他乡，在没有先进通信手段的情况下，侨批便成为海外侨胞维系与家乡亲人感情的纽带。侨批里无不透露着海外侨胞对家乡眷属的一片深情。出洋的侨胞绝大多数是男子汉，大都是为了养家糊口才跨洋出海远走他乡。他们虽长年生活在异域，但对在家乡的父母长辈的孝敬之情，对妻子的思念之情，对子女的舐犊之情，对祖国对家乡的眷恋之情，都化为情深意长的方块字，通过侨批来传递。可以说，侨批在个人情感沟通、时政信息沟通方面亦功不可没。

华侨虽漂泊在异国他乡，但大部分仍然保持家乡的风俗习惯，坚守浓重的乡土观念。

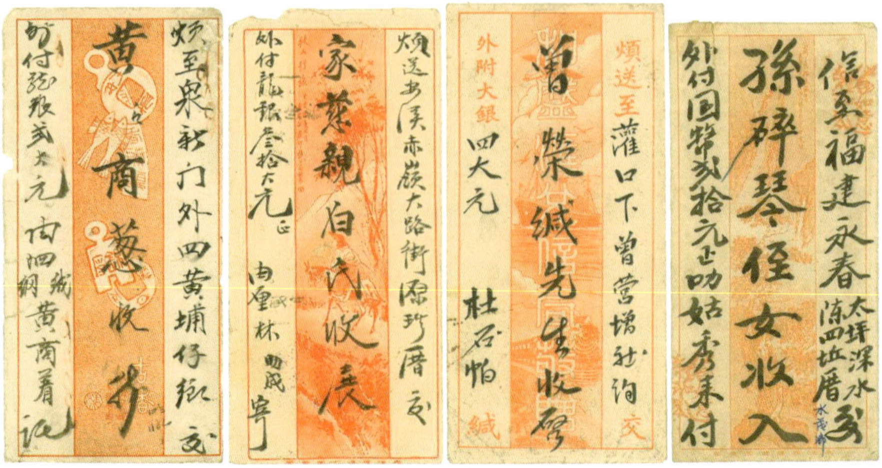

◎ 寓意吉祥平安的各种中式侨批封

1913年1月，一封由缅甸仰光寄往同安西门外莲花山莲山头的侨批，文字用毛笔书写，字迹飘逸隽秀，品相优美。信中盖了许多一般侨批中罕见的吉祥如意章，因为写信人刚生了一个儿子，所以写信向祖居地家人报喜。他还叮嘱祖居地家人记得在正月十五到祖厝点灯、敬奉油饭。从这里可以看出，漂泊在外的侨胞，对家乡风俗习惯的坚守。

除了维系华侨与家人的情感，侨批还保持了中华传统的书信风貌。侨批将书法艺术和优美辞章完美结合，是东南亚的华侨与在家乡的亲朋好友之间的文化对话。侨批封采用“红条封”“山水封”等形式，封上的美术图案，形象、生动、美丽、多彩，蕴含着中华传统文化特点，给远方的亲人一个吉祥平安的信息。

◎ 中式侨批美术封（1928）

◎ 传统行业与民间工艺（中国香港，2003，小全张）

1928年以后，香港永发公司开始印制侨批封，在“红条封”的基础上加以改进，在侨批封中间印制不同图案的山水画，包括了戴仲岩春日携双柑斗酒、风尘三侠、双人骑白鹿、彭泽高踪、鸿雁来仪、紫绶金章、云壑秋高、八百长春、秋山行旅、元章拜石、故园松鹤老无恙等40多种题材。

如今，虽然侨批已退出历史舞台，但这些有温度、有感情的跨国两地书，依然能勾起海外华人华侨对家乡祖地的无限情思。“中华文化是中华儿女共同的精神基因”，2012年以来，一场场侨批展览在海内外成功举办，既唤醒了老人们的记忆，也感染了年轻一代的华裔、侨眷，拉近了人们交往的距离。

在海上丝绸之路上，中西文化交汇融合是多方面的。19世纪中叶之后，文化通过侨批传递、传播、交流、融合，相关信息留存在侨批上，成为当今人们的记忆文献。在国际移民文献中，侨批文书记载了千百万普通民众主动进行中外文化交流、融合的史实，记录了百年来中国海外移民的历史以及海外侨民的生活状态、心路历程等，是东南亚华人移民族群的共同记忆，也是海丝历史的重要文物。

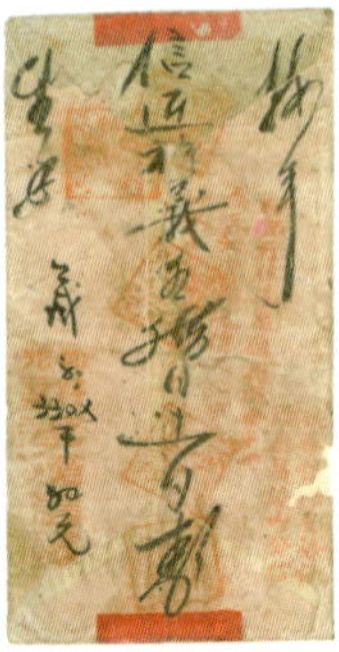

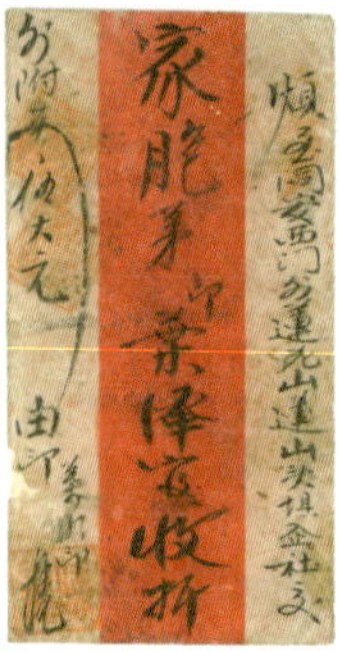

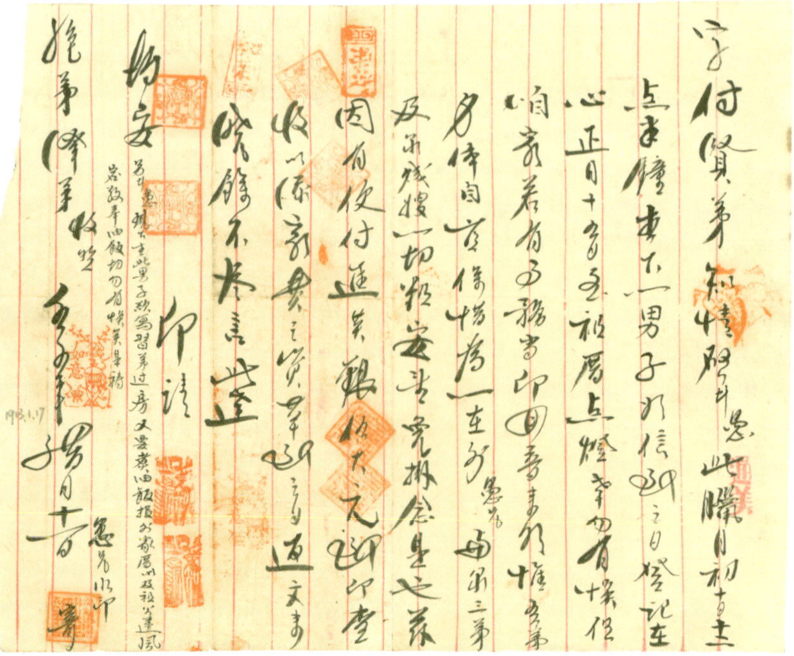

◇ 报喜侨批（1913）

捌

Chapter 8

碧波万邦览风情

Beautiful pictures presented on the sea

海上丝绸之路，是古代中国与海外联系的重要通道。通过海上丝绸之路，中国人渡东洋、下南洋、赴西洋，和航线上各个国家与地区人民多有来往，产生深厚情谊。这些国家与地区的风土人情、文化物产及美丽风景，也一一呈现在了中国人眼前，散发出迷人的魅力。

The Maritime Silk Road was an important artery where ancient China contacted with foreign countries. Through it, the Chinese people traveled to the eastern, southern and western world, and communicated with various countries and people in different regions along the route, thus establishing profound friendship with them. In the meantime, the customs, cultures, products and beautiful scenery of these countries and regions were also introduced to the Chinese people with great charms.

401
ประเทศไทย THAILAND
3
บาท BAHT
เรือสำเภาไทย THAI JUNK
ประเทศไทย THAILAND
15
บาท BAHT
เรือเมล์ PACKET BOAT
ประเทศไทย THAILAND
3
บาท BAHT
เรือกระแชง KRACHAENG BOAT
ประเทศไทย THAILAND
3
บาท BAHT
เรือสำปั้น SAMPAN BOAT
29 บาท

1 南中国海岸涛声依旧

Rising and falling tide at the South China Sea

海上丝绸之路是古代中国与海外联系的重要通道。华人渡东洋、下南洋、赴西洋，留下了无数精彩纷呈的故事，在世界文化史上写下了浓墨重彩的光辉篇章。

海上丝绸之路南海航线是古代中国开辟的最重要的海上航线，主要通往东南亚及印度洋地区，并延伸至两河流域及地中海沿岸。据《汉书·地理志》记载，该航线从徐闻、合浦出发，经南海进入马来半岛、泰国湾、孟加拉湾，到达印度半岛南部的黄支国和已程不国。这是目前可见的有关海上丝绸之路最早的文字记载。东南亚各国是南海航线最先到达的异域，南洋的旖旎风光和民俗风情，在中国古籍中多有记载。

越南，北与中国接壤，西与老挝、柬埔寨交界，紧邻南海，海岸线长达3200多

◇ 会安古镇（越南，极限片）

公里。地形狭长，南北长1600多公里，东西最窄处为50公里。地势西高东低，境内四分之三为山地和高原。主要河流有北部的红河和南部过境的湄公河。

越南是一个历史悠久的国家。在越南这片土地上，曾发现古猿人遗骸，以及旧石器和新石器时代的文化遗址。考古文物发现表明，在距今2700年的越南北部地区的东山文化中，就已经出现了简单的铁器，人们将其视为铁器时代的早期。除了铁器外，该文化还出土了一些制作精细的铸铜物品，如装饰有精美花纹的铜鼓等物。

◯ 雄王时期出土的铜器（越南，1986）

越南当地流传着一个关于越族起源的传说，传说中提到，在远古时期，红河下游已经有一个“文郎国”存在，而统治这个国家的首领，被人们称为雄王。雄王时代之后，安阳王蜀泮又建立了“瓯雒国”。这些传说中的“国家”，有待考古与史料的证实，但它们却从侧面说明，当时可能已经出现了贫富差异和氏族首领等。

越南受中国文化和宗教信仰的影响很大。东汉末年，大乘佛教从中国传入越南，越南人称之为“北宗”。越南6世纪出现的灭喜禅派直接受到中国禅宗的影响，9世纪上半叶出现的无言通禅派更是直接由中国僧人创建的。10世纪以后，由于李朝尊佛教为国教，越南佛教进入了鼎盛时期，李太祖于天德府建造佛寺8座，复在首都升龙城内外营造皇寺多座，住僧千人。朝廷还先后出资在全国各地建造了900多座寺庙，举行8万多座宝塔的落成典礼，时称“帝僧共治天下”。

在近代以前，中国与中南半岛，尤其是与越南的贸易往来主要是通过两种方式进行的：一是由越南向中国进行的朝贡贸易活动，每一次朝贡都是由一个庞大的贸易商队，携带着大量的货物，来华进行经济交流和文化交往活动；二是自15世纪以来，随着中国东南沿海民间海外贸易的兴起，以及华人向中南半岛沿海一带移民的增多而产生的中国民众与越南民众的贸易活动。

在宗藩关系和朝贡贸易之下，中越两国的文化交往同样非常密切。如清朝时期越南学者阮攸把中国明清白话小说《金云翘传》带回越南，用越南文字进行再创作，把白话小说变成长达3000多行的越南六八体长篇诗歌，并注入了带有越南民族思维的情感和内容，成为越南民众非常喜爱的一部古典文学名著。

会安福建会馆（越南，2004，小型张）

会安古镇遍布着中式和日式的建筑，且保存完整，这些古建筑、古街道体现了中国、日本和越南文化与建筑风格的融合。镇中分布着大量中国会馆，无不宏伟壮丽。如今，它已被联合国教科文组织列入世界文化遗产保护名录。2004年12月1日，越南邮政发行《世界遗产——会安古镇》邮票，以示纪念。

老挝是东南亚地区唯一一个没有海岸线的国家，居民多信奉佛教。14世纪中叶，澜沧王国建立，这是老挝历史上第一个统一的多民族国家，据说也曾是东南亚最繁荣的国家之一。澜沧王国存在了三个半世纪，直至1707年，才分裂为琅勃拉邦、万象和占巴塞三个王国。

早在14世纪或更早，佛教就已传入老挝。当时澜沧王国的建立人法昂王崇奉佛教，使之成为国教。佛教提供了一种普遍的意识形态，能够把分散的民众聚合到一个共同的文化框架之中，因此佛教成为澜沧王国的鲜明特征。14至17世纪，佛教随着澜沧国的扩张进入全盛时期，佛教三藏从梵文译成老挝文。诸王都广建寺院，禁止供奉鬼神。

作为一个以佛教为主要宗教的国家，佛教的影响渗透到老挝民众日常生活的各个方面。上座部佛教在老挝文化中居于主导地位，无论是语言、艺术还是寺庙建筑、表演等各个方面，都有上座部佛教的元素。

老挝建筑最大的特色莫过于各式各样的寺庙，仅首都万象就有大大小小的寺庙50多座，可以说是“三步一小庙，十步一大庙”。被称为“銮佛邦”的琅勃拉邦是老挝最古老的城镇，已经有1000多年的历史，市内有600多座极具保存价值的古建筑，已被列入世界遗产名录。

◎ 琅勃拉邦香通寺（老挝，1970）

柬埔寨位于中南半岛南部，与泰国、老挝、越南交界，南部面向泰国湾。三面被丘陵与山脉环绕，中部广阔而富庶的平原约占全国面积四分之三以上。境内有湄公河和东南亚最大的淡水湖——洞里萨湖。

◎ 金边王宫（柬埔寨，1951）

柬埔寨是一个历史悠久的文明古国，早在公元1世纪下半叶就建立了统一的王国，初称扶南。5

◎ 古代帆船（柬埔寨，1990，小型张）

◯ 吴哥窟与金翅鸟（柬埔寨，1957）

至6世纪，婆罗门教与大乘佛教相继传入柬埔寨。吴哥王朝后期，上座部佛教开始传入。15世纪后，婆罗门教与大乘佛教逐渐式微，上座部佛教渐渐占据主导地位。虽然其间历尽波折，但直至今日，佛教依然是柬埔寨的国教。

被誉为“东方四大奇迹”之一的吴哥古迹是柬埔寨民族的象征，也是柬埔寨佛教兴盛的标志。吴哥古迹包括吴哥通王城（大吴哥）和吴哥窟（小吴哥），现存600多处遗迹，其中有许多精美的佛塔和石刻浮雕，蔚为壮观。这些佛塔全部用巨大的石块垒砌而成，有些石块重达8吨；佛塔上刻有各种形态的雕像，有的高达数米，生动逼真。

泰国位于中南半岛中部，与缅甸、老挝、柬埔寨接壤，南边有狭长的半岛与马来

◯ 中泰建交20周年纪念封

◎ 清迈名胜古迹（泰国，1996）

西亚相连。泰国是著名的佛教之国。佛教徒占全国人口的九成以上，绝大多数人信奉四面佛。泰国因此被称为是一个庙宇林立、信仰为上的“千佛之国”。

自明朝以来，泰国（时称暹罗）就是中国商船经常停泊和进行贸易的国家。中国同暹罗之间，不管是官方贸易还是民间贸易，都相当活跃。其交易的商品，自中国输出的有丝绸、瓷器、铁器、铜器乃至纸张、蔗糖、干果等，而从暹罗输入的最大宗货物则是大米。清廷为了解决人口剧增、粮食短缺问题，鼓励大米进口，大规模的粮食贸易促进了中暹贸易的发展。

位于首都曼谷市中心的泰国大王宫又称故宫，是泰国曼谷王朝一世王至八世王的王宫。大王宫内有一座著名的寺院，即玉佛寺，它是泰国三大国宝之一，始建于1784年，面积约占大王宫的四分之一，是泰国王族供奉玉佛像和举行宗教仪式的场所，寺内有玉佛殿、先王殿、佛骨殿、藏经阁、钟楼和金塔等建筑。

玉佛寺内有长约1公里的壁画长廊，上面绘有178幅以泰国著名文学作品《拉玛坚》为题材的精美彩色连环画，并附有泰文译诗。寺内的几块大瓷屏风上则绘有中国《三国演义》的故事，从中可以看出中国文化在泰国留下的痕迹和影响。

缅甸东北靠中国，东南接泰国与老挝，西北与印度和孟加拉国为邻，西南临孟加拉湾与安达曼海，是一个以农业为主的国家，农产品有稻米、小麦、甘蔗等。

被誉为“亚洲三大佛教遗址”之一的蒲甘，是一座有着悠久历史的古城。历经战火、地震和岁月的侵蚀，蒲甘的大小佛塔与佛庙尚余2000多座。这2000余座大大小小的佛塔与佛庙，有尖顶、圆顶、无顶的，造型千变万化，形成了东南亚颇具魅力的历史古迹。

仰光作为缅甸曾经的国都，是一座具有热带风情的美丽的海滨城市。在高大的合欢树和棕榈树丛中，皇家大湖如一颗碧绿的翡翠镶嵌在仰光市区，湖西的高岗上矗立着金光灿灿的瑞光大金塔。大金塔是仰光最具代表性的景点，距今已有2500余

◯ 仰光大金塔（缅甸，明信片）

◇ 三保庙（马来西亚，1974）

年的历史。塔高112米，表面涂有金箔，历次修葺中陆续镶嵌红、蓝、绿色宝石。整个建筑群非常雄伟，在阳光照射下显得夺目耀眼。

马来西亚位于中南半岛南端，国土面积约33万平方公里。中马两国之间有着悠久的交往历史，早在公元前2世纪，中国商人就来到马来半岛从事商业活动。

位于马六甲海峡东岸南段的马六甲始建于1403年，曾是满剌加的都城，也是马来西亚历史最悠久的古城。这里不仅有中国式的住宅，也有荷兰式的红色楼房和葡萄牙式的村落。很多住房的墙上镶着图案精美的瓷砖，木门上装着瑞狮门扣，窗上镶龙嵌凤，古色古香，处处显示出马六甲这个历史古都的独特风貌。

马六甲市郊的中国山又名三保山，是为纪念中国明朝三保太监郑和而命名的。接近马六甲河口的葡萄牙城山，则是当时苏丹拜里米苏剌将中国明成祖赠送的金龙文笺勒石树碑之处，明成祖曾封此山为“镇国山”。

素有“千岛之国”之称的印度尼西亚是世界上最大的群岛国家，由太平洋和印度洋之间约1.75万个大小岛屿组成。

早在公元5世纪初，远赴印度求法取经的中国东晋高僧法显，就曾在归国途中路过一个名为“耶婆提”的国家，据考证，耶婆提在今印度尼西亚爪哇岛或苏门答腊岛，法显因此成为史籍记载的最早抵达印尼的中国人。至中国唐代时期，印尼与中国在佛教文化方面交流愈发频繁，取海路来往于中国和印度的僧人，常在这里住下译经或是学习梵语。

除了文化上的交流，印尼与中国在经贸方面也有频繁的往来。在印尼的主要岛屿爪哇、苏门答腊等地，曾经发掘出汉代陶器残片，证明了中国和印尼早在汉代就有了经济上的联系。中国宋代时期，苏门答腊岛上的三佛齐便是和宋廷关系最密切的海外国家之一。而到了明代永乐宣德年间，郑和七下西洋，几乎每次都会到印尼的爪哇和苏门答腊等地，与当地进行贸易，互通有无。印尼至今流传着不少有关三宝太监郑和的传说，保存着与他相关的地名和遗迹。

印度尼西亚的名城三宝垄，是印尼华人对郑和下西洋事件的重要纪念地。该市狮头山上，有闻名的古迹三宝公庙和三宝洞，洞旁还有三宝井，传说是郑和登陆之地。三宝庙香火极盛，前来祀奉参拜者数百年来从未间断，已使该处成为一游览胜地。中国农历的六月三十日，传说是郑和在此登陆之日。每年是日，当地华人必组织盛大的庆祝纪念大会，抬着郑和神主上街游行，以示郑和重游故地。纪念日当天前来朝拜者常达数万人，人山人海，争相簇拥，加上舞龙、弄狮、演戏等活动，全城锣鼓喧天，热闹非凡。

与印尼一样，菲律宾也拥有众多的岛屿，其中包括吕宋岛、棉兰老岛、萨马岛、宿务岛等11个主要岛屿。由于群岛众多，菲律宾的种族也为数众多，因此文化极具多样性。南岛民族的迁徙带来了马来文化，随着移民的增加，宗教与贸易的发展，印度文化、中华文化和伊斯兰文化也深刻影响着菲律宾。

◯ 拉贡安帕群岛风光（印度尼西亚，2016）

◯ 舞龙舞狮（中国与印度尼西亚联合发行，2007）：
2-1舞龙
2-2舞狮

◯ 采珍珠（菲律宾，1971）

◯ 采珊瑚（菲律宾，1971）

◯ 圣奥古斯丁教堂（菲律宾，2004）

位于菲律宾西南部的苏禄群岛，气候湿热，土壤肥沃，渔产丰富，盛产椰子、稻米、珍珠、玳瑁、苏木、降真香、黄蜡等，是古代最著名的珍珠捕捞场所之一。明代时与中国关系密切，永乐十五年（1417），苏禄东王、西王、峒王曾率领340多人的庞大使团访问中国，在北京受到明朝政府的盛情款待。差不多同一时期，中国福建、广东等地的居民移居菲律宾的人数也日渐增多，带去了中国的牛耕、冶炼、印刷等生产工具和生产技术，菲律宾的一些农作物，如甘薯、吕宋烟等也传到中国，丰富了中国农作物的品种。

由于处在新旧大陆“大帆船贸易”的中间点上，菲律宾融合了东西方的许多风俗特征，城市的建筑也富有异国风情。如建于16世纪后期的马尼拉圣奥古斯丁教堂，是由西班牙传教士募资建造的，其独特的欧洲巴洛克式建筑风格在中国和菲律宾工匠的手中得到了完美的体现。

新加坡位于马来半岛南端，马六甲海峡南口，北隔柔佛海峡与马来西亚相邻，南隔新加坡海峡与印度尼西亚相望。国土面积虽小，却以整洁和美丽著称，岛上花园遍布，绿树成荫，终年常绿，因此被称为“花园城市”。

新加坡古称淡马锡，18至19世纪属于马来西亚柔佛王国。1819年英国占领新加坡，辟为自由港。1959年实现自治，后并入马来西亚联邦。1965年8月9日脱离马来西亚，成立新加坡共和国。

早在1330年，中国元代航海家汪大渊就来到新加坡岛，在其所著《岛夷志略》一书中将之称为“单马锡”，据他记载，当时此地已经有华人居住。绘制于明宣德五年（1430）的《郑和航海图》则称新加坡为“淡马锡”。1877年清政府在新加坡设立领事馆，这是清朝第一个海外领事馆。

由于明清时期中国向东南亚地区大量移民，其中新加坡的华人移民尤多，占当地人口的大多数，因此新加坡独立后，汉语成为官方语言之一。新加坡的文化是中国儒家文化和西方文化交融的产物，吸收了两种文化的长处，形成了传统与现代和谐共存的多元文化特色。

◯ 新加坡风光（新加坡，1971）

◯ 历史建筑（新加坡，2000，小全张）

2 穿越马六甲后的海上旅程

A voyage after passing through the Strait of Malacca

早在西汉时期，位于中国南方的南越国与印度半岛之间的海路就已经开通。汉武帝平定南越国后，凭借海路拓宽了海外贸易规模，使海上丝绸之路得以兴起。从徐闻、合浦等港口启航西行的航线，与从地中海、波斯湾沿海港口出发往东航行的海上航线，在印度洋上实现了对接。这标志着横贯亚、非、欧三大洲的海上丝绸之路真正得以形成。

斯里兰卡是位于印度洋海上的一个热带岛国，有“宝石岛”“印度洋上的珍珠”之美称。中国古代称其为细兰、僧伽罗等。斯里兰卡意为“乐土”或“光明富庶岛”。

中国与斯里兰卡的交往由来已久。早在东晋时期，中国高僧法显赴西域游历时，就曾到过此地。明代航海家郑和七下西洋时也曾多次抵达这里。

斯里兰卡是世界著名的红茶产地，这主要得益于其独特的地理位置和较大的日夜温差。其东部主要产汀普拉茶，中部则是阿艾利亚茶的产区。红茶也因此成为斯里兰卡最重要的出口产品之一。

◯ 珠宝（斯里兰卡，1997）

◯ 采茶（锡兰，1958）

◯ 斯里兰卡与中国签订米胶协定50周年（斯里兰卡，2002）

◎ 佛教遗迹（孟加拉国，1992）

孟加拉国位于南亚次大陆东北部的恒河三角洲平原上，东西北三面与印度毗邻，平原占全国土地面积的90%以上，是世界上人口密度最高的国家之一。地处恒河入海口，河运发达。境内河流众多，池塘密布，被称为“水泽之乡”。

中国与孟加拉国的交往史传说可以追溯到古代阿育王时期，但有记载的历史始于唐代。在《大唐西域记》中，玄奘记述了数十个位于印度次大陆的王国，其中就有数个被认定在今日孟加拉国境内。在玄奘笔下，孟加拉地区风景优美，物产丰富，经济发达，农业自足；而且环境甚好，人们伴水而居，人丁兴旺。不仅在寺院里大小乘佛教派系和平共处，在社会中也是“异道杂居”，相安无事。当地人十分好学，兼收并蓄。因此，这里成为重要的学术思想中心和佛教圣地。当地佛教兴盛，寺院多而宏大，香火甚旺。释迦牟尼曾在此地讲经说法，至今佛教遗迹依然很多。

明代郑和下西洋时，至少两度到过孟加拉地区。他与当地的国王会谈，带来明朝皇帝的礼品，带回国王奉献的宝石和桃子等贡品。郑和的随从马欢对此有详细记载，对当地风土人情也进行了描述，如看到当地人养蚕生产蚕丝、制作丝绸等。

印度是世界四大文明古国之一，在公元前2000年前后创造了灿烂的印度河文明。公元前4世纪，崛起的孔雀王朝开始统一印度次大陆。在孔雀王朝的第三代国王——阿育王统治时期，印度不仅疆域广阔，政权强大，而且文化兴盛并开始向外传播。公元4世纪笈多王朝建立后，形成中央集权大国，统治印度200多年。

◇佛教文化遗迹（印度，1997）

中国和印度都是世界文明古国。唐朝是中印佛教文化交流的高峰期，玄奘于629年至645年到印度取经，取道陆上丝绸之路；义净于671年至695年到印度取经，取道海上丝绸之路。由此可见，当时陆上和海上丝绸之路均很发达。

印度比哈尔邦巴腊贡地方，在公元5到12世纪时，因为一所佛学院而成为当时亚洲佛教文化和教育的中心，这就是玄奘到西天取经学习时所在的那烂陀学院。那时印度佛教正处于最辉煌的时期，那烂陀学院的僧徒常有万人之多。在那烂陀寺，玄奘师从戒贤法师长达五年之久。

印度西孟加拉邦首府加尔各答是印度东部最大的城市，濒临印度洋的孟加拉湾，连接中国与印度的海上丝绸之路对当地的影响可以说是方方面面的，在语言、饮食、建筑、服装、农业、手工各方面都有所表现。这里的瓷器叫“齐那马迪”，意思是“中国的陶土”；泰戈尔创办的国际大学有中文系，大学的建筑模仿中国的古典建筑，有红色廊柱和亭台楼阁，柱子装饰有龙；每到春节，当地中国城的舞狮是加尔各答市民十分喜爱的一项文化活动。

印度文物和名胜古迹众多，如著名的泰姬陵、埃罗拉石窟、阿格拉古堡等。泰姬陵是印度莫卧儿王朝皇帝沙杰汉为宠姬泰姬·玛哈尔修筑的陵墓，陵墓全部用白色大理石建成，外形端庄宏伟，寝宫门窗及围屏都用白色大理石镂雕成菱形带花边的小格，墙上以翡翠、水晶、玛瑙、红绿宝石作为装饰。

阿旃陀石窟是佛教艺术遗址，位于马哈拉施特拉邦境内。始凿于公元前2世纪，一直延续到7世纪。现存30窟（包括一未完成窟），从东到西长550米，全部开凿在离地面10至30米不等的崖面上。中国高僧玄奘曾经朝圣阿旃陀。1983年，阿旃陀石窟被列入世界遗产名录。

巴基斯坦位于南亚次大陆西北部，是印度河谷文明的发源地，为世界上最古老的文明之一。早在公元前3世纪，就出现了灌溉农业、青铜冶炼技术和雏形城市。从公元8世纪起，伊斯兰教随着阿拉伯人的入侵而对当地产生深远影响。

坐落在巴基斯坦信德省拉尔卡纳县的摩亨佐达罗考古遗址，是印度河流域文明中最具代表性的遗址，布局整齐

◯ 印度佛教细密画（民主德国，1979）

◯ 大菩提寺与白马寺（印度与中国联合发行，2008）

◇ 巴基斯坦—中国建交50周年（巴基斯坦，2001）

的城市被宽阔笔直的街道分成大大小小的街区，全城建有十分完备的下水道系统。1980年，摩亨佐达罗考古遗址被列入世界遗产名录。

伊朗位于西亚波斯湾沿岸，是世界重要的产油国和天然气生产国，称得上是地大物博、实力强盛的中东大国。

伊朗地区古称波斯，不仅是中亚通往印度洋的唯一通道，也是古代陆上丝绸之路与海上丝绸之路的重要交汇点。

作为海上丝绸之路的重要国家，伊朗和中国自古在经贸交流上就有紧密的合作。伊朗曾是中国瓷器和丝绸等产品输出欧洲各国的重要枢纽，伊朗人不仅十分喜爱中国陶瓷，而且对中国陶瓷很有研究，从陶瓷的原料、工艺到外观艺术，都进行了认真研究分析，最终成功地用氧化铜烧制出中国的釉下红。

◇ 钟楼与清真寺（伊朗与中国联合发行，2003）

著名的伊朗波斯花园由分布在9个省份、建于不同时期的9座园林共同组成。园林的设计理念突出了天空、水、大地、植物四个象征意象，楼台、亭榭、墙垣以及精密的水流灌溉系统是园林的重要特征，尤其是水在园林的灌溉与装饰中发挥了重要的作用。波斯园林设计对印度及西班牙园林艺术产生了重大的影响。

福建的历史名城泉州曾经是海上丝

◇ 陶瓷制作工艺（伊朗，1987）

绸之路的重要口岸，它见证了波斯人作为海上丝绸之路重要参与者的作用。泉州海交馆里的石棺石碑及雕刻遗物，超过一半是用波斯文书写的，而位于晋江的摩尼教雕像至今仍保存得相当完好。

作为一个文明古国，伊朗的东方色彩十分强烈。伊朗人十分看重几千年文化历史的传承。伊朗虽然历经战争和自然灾害，但对文物的保护却可以达到世界一流的水平。

沙特阿拉伯位于亚洲西南部的阿拉伯半岛，东濒波斯湾，西临红海，是名副其实的“石油王国”，其石油储量和产量均居世界首位，石油收入是国家最主要的经济来源，沙特也因此成为世界上最富裕的国家之一。

◇ 达曼港（沙特阿拉伯，1995）

唐代时，广州是中国与各国通商的重要海港之一，其主要贸易对象便是阿拉伯地区的商人，据记载，当时在广州居住的阿拉伯商人就有12万人之多，并出现了阿拉伯人的聚集区——蕃坊。

宋元时代，更多的阿拉伯、波斯商人到泉州贸易，或定居泉州，与当地汉人通婚，其后裔被当地人称为“半南蕃”。迄今泉州一带还有大量回民，他们有的已经汉化，有的则还保留着自己民族的习惯。

宋元时期，随着航海技术的提升，海上丝绸之路空前繁盛。中国与非洲北部、东部各国有了新的交往。

到了明代郑和七下西洋，最远到达非洲东岸和红海沿岸的港口，把海上丝绸之路的发展推向了一个新高潮。红海之滨的埃及，非洲东岸的索马里、肯尼亚、坦桑尼亚等国的物产、风俗、文化也逐渐呈现在了中国人眼前。

埃及位于非洲东北部，是亚非之间的陆地交通要冲，战略位置十分重要。

古埃及是世界四大文明古国之一，也是与我国交往最早、关系

郑和宝船（明信片）

郑和下西洋的船队，规模庞大，其船舶技术之先进，航程之长，影响之巨，航海人员之众，组织配备之严密，航海技术之先进，在当时的世界上是首屈一指的。

◇ 古代金面罩头像（中国与埃及联合发行，2001）：
2-1三星堆金面罩头像
2-2图坦卡蒙金面罩头像

最为密切的非洲国家之一。早在唐代时，两国之间就互派使节、互通货物、互相享受对等的贸易优惠国待遇。在当时留居中国的大量外国商人中，就有不少是埃及人。他们主要居住在南方滨海城市，如广州、泉州、杭州、扬州等地。

埃及境内拥有很多名胜古迹，如著名的金字塔、狮身人面像、卢克索神庙等。金字塔是古埃及法老为自己修建的陵墓。开罗以南的吉萨大金字塔与亚历山大城边的亚历山大灯塔（已毁）均被列入古代世界七大奇迹。

索马里位于非洲大陆最东部的索马里半岛，拥有非洲最长的海岸线。早在公元前1700多年，这片非洲之角就建立了以产香料著称的邦特国。

段成式在《酉阳杂俎》中记载：“拨拔力国，在西南海中，不食五谷，食肉而已。常针牛畜脉，取血和乳生食。无衣服，唯腰下用羊皮掩之。其妇人洁白端正，国人自掠卖与外国商人，其价数倍。土地唯有象牙及阿末香，波斯商人欲入此国，团集数千，赍彩布，没老幼共刺血立誓，乃市其物。自古不属外国，战用象牙排、野牛角为矟，衣甲弓矢之器。步兵二十万，大食频讨袭之。”

一般认为，“拨拔力国”是指今东非索马里一带，“不

◇ 古代帆船（索马里，2002）

食五谷，食肉而已”则是指游牧的马赛族人。由此可知，最晚至9世纪上半叶，唐朝人已经对东非沿海的风俗、物产及其与阿拉伯的关系有了比较详细的了解。

1498年葡萄牙航海家达·伽马沿非洲西海岸，绕过好望角，抵达东非海岸时，当地人告诉他，早在几十年前中国人就曾来过这里。确实，郑和率领的中国远洋船队在1412年第四次下西洋中，就曾访问索马里海滨的几个城邦，其中包括木骨都束、卜剌哇、竹步等地。

肯尼亚位于非洲东部，赤道横贯中部，东非大裂谷纵贯南北。肯尼亚是古人类发源地之一，境内曾出土约260万年前的人类头盖骨化石。公元7世纪，非洲东南沿海地带形成一些商业城市，阿拉伯人开始到此经商和定居。而唐代中国与非洲东海岸也建立了直接的贸易关系，进行了较多的物资交流，唐代的青白瓷器和钱币在肯尼亚多有发现。

乞力马扎罗山是非洲大陆的最高峰，也是地球上唯一一座位于赤道线上的雪峰和世界上海拔最高的孤山，被称作“非洲屋脊”。东非大裂谷是一条狭长的山谷断裂带，由于雨量充沛、地势低洼，裂谷内形成了大大小小的湖泊，湖区水量丰富，湖滨土地肥沃，植物茂盛，野生动物众多。肯尼亚裂谷省三座水位相对较浅的湖泊——博戈里亚湖、纳库鲁湖和埃尔门泰塔湖相互衔接，共同构成了风景极其优美的湖泊系统。这一地区是世界上鸟类种类最为丰富的地区之一。这里还生活着大量的大型哺乳动物，如黑犀牛、罗斯柴尔德长颈鹿、扭角林羚、狮子、猎豹和野狗等。

◎ 泛非邮政联盟成立30周年纪念（肯尼亚，2010）

坦桑尼亚位于非洲东部。早在公元前就同阿拉伯、波斯和印度等地有贸易往来。公元7至8世纪，阿拉伯人和波斯人大批迁入。10世纪，波斯人和阿拉伯人先后在此建立桑给帝国和伊斯兰王国。

◯ 桑给巴尔石头城（坦桑尼亚，2014）

唐德宗时期，宰相贾耽在记载外交通行路线时，记载了一条“广州通夷道”。这条路线往西南方向最远可抵达“三兰国”。有人认为，“三兰国”就是如今的坦桑尼亚桑给巴尔。

1071年和1083年，即中国北宋时期，坦桑尼亚地区的使节两次来中国访问。随着中国和东非贸易关系的发展，也有许多宋代钱币出现在东非地区，对当地货币经济的产生与发展起到了促进作用。

位于坦桑尼亚的基尔瓦遗址和松戈马拉遗址，在13至14世纪是印度洋沿岸城市与非洲东岸各地区之间联系的枢纽，一直到16世纪这里还是印度洋沿岸的商贸活动中心，商人们在这里交换金、银、珍珠、香料和瓷器。这样的繁荣景象一直持续到19世纪。基尔瓦遗址因发掘出大批古建筑物遗址和中国古瓷器而闻名于世，这说明古代中国与这里的贸易曾相当活跃。

莫桑比克位于非洲东南沿海，东临印度洋，隔莫桑比克海峡与马达加斯加相望。海岸线长2630公里。莫桑比克岛位于莫桑比克东北部，东濒莫桑比克海峡，曾是葡萄牙人前往印度的重要中转站。可以说，莫桑比克岛见证了葡萄牙到印度次大陆乃至整个亚洲的海上航线的创立。莫桑比克岛拥有丰富的自然资源、宜人的气候以及美丽的海滩，1991年被列入世界遗产名录。

◯ 帆船（莫桑比克，1963）

◯ 莫桑比克航空邮简（莫桑比克）

一位阿拉伯史学家曾说：“中世纪的东非史，可以说是用中国瓷器写成的。”中国历史地理学家陈桥驿也指出：“从中国东南沿海各港口起，循海道一直到印度洋沿岸的波斯湾、阿拉伯海、红海和东非沿海……无处没有龙泉青瓷的踪迹，这条漫长的‘陶瓷之路’，实际上就是中国陶瓷特别是青瓷开拓出来的。”如今在东非，发现的中国古代瓷器多得惊人，以至有人把东非称为“中国古瓷的储仓”。海上丝绸之路的繁荣，不仅开辟了国际物质与文化交流的渠道，加速了世界经济、科技与社会的发展，增进了各国人民的了解和友谊；同时，还在古代中国人面前，打开了一扇了解异域风土人情和宗教习俗的窗户。

◯ 莫桑比克—中国建交30周年（莫桑比克，2005）

2005年，为纪念莫桑比克共和国和中华人民共和国建交30周年和郑和到达莫桑比克岛600周年，莫桑比克邮政于6月25日发行纪念邮票一套2枚。

玖

Chapter 9

再创新路谱华章

Another new road opened up to create a brilliant history

新的时代，新的挑战，新的机遇。建设“21世纪海上丝绸之路”，是习近平总书记高瞻远瞩、审时度势提出的“一带一路”倡议的重要内容。这条“路”将成为世界上跨度最长的经济大走廊，并成为全球经济、金融、政治、外交各界关注的焦点。

There are new challenges and opportunities in the new era. The 21st-Century Maritime Silk Road is an important part of the Belt and Road Initiative proposed by General Secretary Xi Jinping on the basis of foresight and proper consideration of the current situation. This “Road” will become the longest economic corridor in the world and draw the attention of people from all sectors of the global economy, finance, politics and diplomacy.

海上
丝绸之路
1.20
1.20
1.20
1.20
1.50
1.50
CHINA 中国邮政
CHINA 中国邮政
CHINA 中国邮政
CHINA 中国邮政
CHINA 中国邮政
CHINA 中国邮政

1 “一带一路”倡议
The Belt and Road Initiative

古代丝绸之路——陆上丝绸之路与海上丝绸之路，起始于中国，是连接亚洲、非洲和欧洲的商业贸易路线，更是东西方之间经济、政治、文化交流的主要通道。古丝绸之路绵亘万里，延续千年，积淀了以和平合作、开放包容、互学互鉴、互利共赢为核心的丝路精神，已经成为人类文明的宝贵遗产。

1877年，德国地质地理学家李希霍芬在其著作《中国》一书中，把“从公元前114年至公元127年间，中国与中亚、中国与印度间以丝绸贸易为媒介的西域交通道路”命名为“丝绸之路”。其后，德国历史学家赫尔曼在20世纪初出版的《中国和叙利亚之间的古代丝绸之路》一书中，根据新发现的文物考古资料，进一步把丝绸之路延伸到地中海西岸和小亚细亚，确定了丝绸之路的基本内涵，就是中国古代经过中亚抵达南亚、西亚以及欧洲、北非的陆上贸易交往的通道。

1903年，法国学者沙畹在其著作《西突厥史料》中，认为“中国之丝绢贸易，昔为亚洲之一重要商业，其商道有二：其一最古，为出康居（Sogdiane）之一道；其一为通印度诸港之海道”，首次提出了“海上丝绸之路”的概念。其后，日本学者三杉隆敏在《探索海上的丝绸之路》一书中正式使用了“海上丝绸之路”这一说法。

历史的车轮驶入21世纪，2013年秋，习近平总书记在哈萨克斯坦和印度尼西亚提出共建“丝绸之路经济带”和“21世纪海上丝绸之路”，即“一带一路”倡议，“一带一路”是世界上跨度最长的经济大走廊，已成为全球经济、金融、政治、外交各界关注的焦点。其宛如彩色的丝带，将中国同中亚、南亚周边国家及欧亚国家友好地相连；犹如幸福的天桥，推动沿线各国发展战略的对接与耦合，发掘区域内

◯ 《一带一路 共赢发展》纪念邮资信封

市场的潜力，促进投资和消费，创造需求和就业，增进沿线各国人民的人文交流与文明互鉴，让各国人民相逢相知、互信互敬，共享和谐、安宁、富裕的生活。

“谁拥有了海洋，谁就拥有了未来。”海上丝绸之路的沧桑剧变，见证了中华民族的辉煌与苦难。回顾历史，每当我中华国门开放的时候，每当我们亲近海洋、重视海洋、走向海洋的时候，国家就充满活力、充满希望，就走向富强。

2013年6月，国家主席习近平在墨西哥总统培尼亚陪同下参观奇琴伊察遗址时表示：“历史上，两国文明交相辉映、互为借鉴，著名的‘海上丝绸之路’在促进两

◯

中国—东盟博览会（2013）

2013年8月15日，中国邮政发行了《中国—东盟博览会》特种邮票1枚，生动、形象地展示了博览会友谊、合作、发展、繁荣的主题。

国贸易的同时，推动了双方文化交流，在世界文明史上写下了光辉的一页。”

10月3日，习近平主席访问印度尼西亚，并在印度尼西亚国会发表《携手建设中国—东盟命运共同体》重要演讲，演讲中强调：“东南亚地区自古以来就是‘海上丝绸之路’的重要枢纽，中国愿同东盟国家加强海上合作，使用好中国政府设立的中国—东盟海上合作基金，发展好海洋合作伙伴关系，共同建设21世纪‘海上丝绸之路’。”这是中国高层正式在外交场合提出与东盟国家共同建设新海上丝绸之路的倡议，提出“21世纪海上丝绸之路”的概念。习主席在演讲中提到“早在2000多年前的中国汉代，两国人民就克服大海的阻隔，打开了往来的大门”。

10月9日，李克强总理在第16次“中国—东盟（10+1）领导人会议”上提出了“2+7合作框架”的设想，并在阐述“稳步推进海上合作”的建议时再次呼吁中国与东盟“双方应积极行动起来，发展好海洋合作伙伴关系，共同建设21世纪海上丝绸之路”。

12月10日，2013年中央经济工作

◯ 中国—东盟建立对话关系15周年（极限片）

◯ 中国—东盟博览会（极限片）

会议召开，习近平主席、李克强总理参加会议并讲话。会议把“建设21世纪海上丝绸之路，加强海上通道互联互通建设，拉紧相互利益纽带”列入2014年经济工作主要任务之一。

2014年3月5日，第十二届全国人民代表大会第二次会议开幕，李克强总理在政府工作报告中提出“抓紧规划建设丝绸之路经济带、21世纪海上丝绸之路，推进孟中印缅、中巴经济走廊建设，推出一批重大支撑项目，加快基础设施互联互通，拓展国际经济基础合作新空间”。经国务院授权，2015年3月，国家发展改革委、外交部、商务部联合发布了《推动共建丝绸之路经济带和21世纪海上丝绸之路的愿景与行动》，明确“21世纪海上丝绸之路重点方向是从中国沿海港口过南海到印度洋，延伸至欧洲；从中国沿海港口过南海到南太平洋”。

2017年5月14日，习近平主席在“一带一路”国际合作高峰论坛开幕式上发表演讲时指出，“一带一路”建设植根于丝绸之路的历史土壤，重点面向亚欧非大陆，同时向所有朋友开放。不论来自亚洲、欧洲，还是非洲、美洲，都是“一带一路”建设国际合作的伙伴。

当今世界，各国以海洋为纽带，更加密切地开展市场、技术、信息等方面的交流，一个更加注重海洋合作与发展的新时代已经到来。在这样的时代背景下，中国提出建设“21世纪海上丝绸之路”的倡议，是希望发掘古代海上丝绸之路特有的价值和理念，并为其注入新的时代内涵，积极主动地发展与沿线国家的经济伙伴关系。“21世纪海上丝绸之路”不仅承袭了古代丝绸之路“传递和平、互惠互利”的精神，在新的时代背景下也被赋予了新的内涵，具有传递和平、共同发展的重要历史责任。建设“21世纪海上丝绸之路”是一个跨地区、具有全球视野、谋求合作共赢的倡议，在世界多极化、经济全球化、合作与竞争并存的大时代背景下，具有深远意义。共建“一带一路”正在成为我国参与全球开放合作、改善全球经济治理体系、促进全球共同发展繁荣、推动构建人类命运共同体的中国方案。

中国在与沿线国家共同推进“一带一路”的建设中，将遵循开放合作、和谐包容、市场运作、互利共赢的原则，以政策沟通、设施联通、贸易畅通、资金融通、民心相通这“五通”为主要内容，全方位推进务实合作，打造政治互信、经济融合、文化包容的利益共同体、责任共同体和命运共同体。

2 多边合作

Multilateral cooperation and connectivity

具有悠悠五千年文明的中国，一直秉承着传统的“和”文化，在1000多年前曾是世界最早的海洋强国的时候，我们奉行的是“和”文化；今天，我们同样奉行“和”文化。“和”，是中华文化的核心，多边合作，互联互通，是海上丝绸之路所体现出的文化要义。

习近平主席于2013年10月在印度尼西亚国会演讲中回顾说：“1955年，中国和印尼两国同其他亚非国家携手合作，在万隆会议上共同倡导了以和平共处、求同存异为核心的万隆精神。万隆精神至今仍是国与国相处的重要准则，为推动建设新型国际关系做出了不可磨灭的历史贡献。”“万隆会议”即亚非会议，于1955年4月18日至24日在印度尼西亚万隆召开。参加会议的有29个亚非国家和地区的政府代表。周恩来总理和陈毅副总理率领我国政府代表团出席。会议通过了《关于促进世界和平和合作的宣言》。

2014年5月21日，习近平主席在亚信峰会上做主旨发言时指出，中国将同各国一道，加快推进“丝绸之路经济带”和“21世纪海上丝绸之路”建设，尽早启动亚洲基础设施投资银行，更加深入参与区域合作进程，推动亚洲发展和安全相互促进、相得益彰。

◇ 万隆会议10周年（1965）

◇

天津滨海新区（极限片）

天津新港——位于天津市海河入海口，是中国北方最大的综合性港口和重要的对外贸易口岸。

2014年6月5日，习近平主席出席中阿合作论坛第六届部长级会议时表示，希望双方弘扬丝绸之路精神，以共建“丝绸之路经济带”和“21世纪海上丝绸之路”为新机遇新起点，不断深化全面合作、共同发展的中阿战略合作关系。

2014年8月21日至22日，习近平主席对蒙古国进行国事访问，并在蒙古国国家大呼拉尔发表重要演讲。在习主席访问蒙古国期间，蒙中签署了发展铁路过境运输合作的协议、蒙古国通过中国领土出入海洋和过境运输的协定等多项合作文件，明确蒙古国相关货物可通过天津新港国际港口出入海洋，从而出口到其他国家，从根本上解决了蒙古国无出海口的困境。2014年8月26日，蒙古国邮政发行主题为“历史性访问”的纪念邮票，纪念习近平主席对蒙古国进行的历史性国事访问。

2014年9月14日，在对马尔代夫进行国事访问之际，习近平主席在马尔代夫《今晚报》和太阳在线网同时发表题为《真诚的朋友，发展的伙伴》的署名文章。文章表示：“中方积极倡导建设21世纪海上丝绸之路。马尔代夫地处印度洋要道，是古代海上丝绸之路的重要驿站。中方欢迎马方发挥自身优势，积极参与21世纪海上丝绸之路建设。中方愿意同马方一道努力，

○ 中国与马尔代夫建交40周年（马尔代夫，2012）

○ 班达拉奈克国际会议中心落成纪念（斯里兰卡，1973）

推动这一合作倡议愿景早日转化为现实，带动各国发展繁荣和亚洲整体振兴。”历史上，郑和曾率领商船队到过马尔代夫，可以说，马尔代夫是中国古代海上丝绸之路的重要邦交国，建设“21世纪海上丝绸之路”，为中马关系发展注入现实动力。在9月15日两国公布的联合新闻公报中，马尔代夫对此积极呼应，明确表示“马方欢迎并愿积极参与中方提出的构建21世纪海上丝绸之路倡议。双方同意加强海洋事务、海洋经济、海洋安全等领域合作”。2015年，马尔代夫邮政发行《中国国家主席习近平访问马尔代夫——建设21世纪海上丝绸之路》丝织无齿小型张。

2014年9月16日，习近平主席对斯里兰卡进行国事访问，并在斯里兰卡《每日新闻》报发表题为《做同舟共济的逐梦伙伴》的署名文章。文章说，中国和斯里兰卡有高僧法显开启的千年佛缘，有郑和七次远洋航海的历史纽带。双方要加强海洋、经贸、基础设施建设、防务、旅游等领域交流合作，共同推进海上丝绸之路复兴，造福两国和两国人民。

2014年9月18日，习近平主席首访印度，在新德里印度世界事务委员会发表《携手追寻民族复兴之梦》演讲时，习近平主席回顾了中印长达2000多年的交往史，他说道：“白马驮经，玄奘西行，将印度文化带回中国。中国大航海家郑和七次远航、

2016年二十国集团杭州峰会（2016）

2016年9月4日至5日，二十国集团（G20）领导人第十一次峰会在杭州举行。国家主席习近平主持会议并致开幕辞。习近平强调，面对当前挑战，二十国集团要与时俱进、知行合一、共建共享、同舟共济，为世界经济繁荣稳定把握好大方向，推动世界经济强劲、可持续、平衡、包容增长。

六抵印度，带去了中国的友邦之谊。”

2015年4月21日，习近平主席在巴基斯坦议会发表题为《构建中巴命运共同体　开辟合作共赢新征程》的重要演讲。在演讲中，习主席提到：中国希望同“一带一路”沿线国家加强合作，实现道路联通、贸易畅通、资金融通、政策沟通、民心相通，共同打造开放合作平台，为地区可持续发展提供新动力。

2015年11月6日，习近平主席在越南国会发表题为《共同谱写中越友好新篇章》的重要演讲，强调中方高度重视两国发展战略对接，愿在“一带一路”“两廊一圈”框架内，加强两国互联互通等基础设施建设及产能和投资贸易合作，为新形势下中越全面战略合作伙伴关系向更高层次发展注入强劲动力。

2015年11月7日，习近平主席在新加坡国立大学发表题为《深化合作伙伴关系　共建亚洲美好家园》的演讲，强调“一带一路”倡议的首要合作伙伴是周边国家，首要受益对象也是周边国家。我们欢迎周边国家参与到合作中来，共同推进“一带一路”建设，携手实现和平、发展、合作的愿景。

《推动共建丝绸之路经济带和21世纪海上丝绸之路的愿景与行动》明确提出要强化多边合作机制作用，发挥上海合作组织（SCO）、中国—东盟“10+1”、亚太经合组织（APEC）、亚欧会议（ASEM）、亚洲合作对话（ACD）、亚信会议（CICA）、中阿合作论坛、中国—海合会战略对话、大湄公河次区域（GMS）经济合作、中亚区域经济合作（CAREC）等现有多边合作机制作用，相关国家加强沟通，让更多国家和地区参与“一带一路”建设。

○ 第七届亚欧首脑会议（2008）

中国邮政于2008年10月23日发行《第七届亚欧首脑会议》纪念邮票1枚，主体图案为第七届亚欧首脑会议的会徽。

2001年，亚太经济合作组织第九次领导人非正式会议在上海召开，这是APEC首次在中国召开。中国邮政于当年10月发行过《亚太经合组织2001年会议·中国》纪念邮票。2014年11月，中国邮政又发行《亚太经合组织第二十二次领导人非正式会议》纪念邮票1枚，邮票以APEC标志为中心，两边以简约手法展现了我国的壮美山河，票面右上方表现的是此次峰会的主题：共建面向未来的亚太伙伴关系。

○ 亚太经合组织第二十二次领导人非正式会议（2014）

首届“一带一路”国际合作高峰论坛于2017年5月14日至15日在北京举行，这是“一带一路”倡议提出以来最高规格的论坛活动，29位外国元首、政府首脑及联合国秘书长等重要国际组织负责人，以及来自130多个国家的约1500名各界贵宾作为正式代表出席论坛。习近平主席在论坛上作出承诺：“我们要本着伙伴精神，牢牢坚持共商、共建、共享，让政策沟通、设施联通、贸易畅通、资金融通、民心相通成为共同努力的目标。要坚持在开放中合作，在合作中共赢，不画地为牢，不设高门槛，不搞排他性安排，反对保护主义。”5月14日，中国邮政发行《“一带一路”国际合作高峰论坛》纪念邮票一套一枚。

○ “一带一路”国际合作高峰论坛（2017）

2017年9月3日至5日，第九次金砖国家峰会在厦门举行。期间，金砖五国领导人举行会晤，10个新兴市场国家和发展中国家展开对话，全球约1000名工商界人士聚首。8月19日，中国邮政发行《金砖国家领导人厦门会晤》邮票一套一枚。邮票以2017金砖国家领导人厦门会晤标识为主要设计元素，寓意金砖国家以厦门会晤为新的起点，面向大海，扬帆起航，携手未来的美好前景。

○ 金砖国家领导人厦门会晤（2017）

2018年8月27日，习近平主席在推进“一带一路”建设工作5周年座谈会上指出，中国将坚持对话协商、共建共享、合作共赢、交流互鉴，同沿线国家谋求合作的最大公约数，推动各国加强政治互信、经济互融、人文互通。共建“一带一路”不仅是经济合作，也将成为完善全球发展模式和全球治理、推进经济全球化健康发展的重要途径。

3 造福八方

To benefit people around the world

“桃李不言，下自成蹊。”自2013年秋提出共建“一带一路”倡议以来，全球100多个国家和国际组织积极支持和参与“一带一路”建设，越来越多国家热烈响应，经过夯基垒台、立柱架梁的5年，“一带一路”建设逐渐从理念转化为行动，从愿景转变为现实，共建“一带一路”正在向落地生根、持久发展的阶段迈进。推动共建“一带一路”走深走实，造福沿线国家人民，推动构建人类命运共同体，是中国为完善全球治理体系变革提供的新思路新方案。

习近平主席在推进“一带一路”建设工作5周年座谈会上强调，要坚持稳中求进工作总基调，贯彻新发展理念，集中力量、整合资源，以基础设施等重大项目建设和产能合作为重点，解决好重大项目、金融支撑、投资环境、风险管控、安全保障等关键问题，形成更多可视性成果。

基础设施互联互通，是构建“21世纪海上丝绸之路”的基本前提。中国在基础

◇ 海上丝绸之路（2016，小全张）

◇ 班达拉奈克国家纪念基金会成立25周年纪念（斯里兰卡，2001）

◇ 纪念西丽玛沃·班达拉奈克展览中心开业（斯里兰卡，2003）

设施领域有相对丰富的建设和管理经验，为完善与优化海上丝绸之路沿线国家的基础设施贡献出一己之力。

斯里兰卡的班达拉奈克国际会议中心，便是中国于1970年至1973年期间援助建成的，建成后投入使用40多年，在斯里兰卡社会生活中发挥着重要作用。后由中国政府援建的纪念西丽玛沃·班达拉奈克展览中心和班达拉奈克国际研究中心分别于2003年1月和4月落成，与原国际会议中心构成统一的整体，被誉为“中斯友谊的象征”。斯里兰卡于1973年发行《班达拉奈克国际会议中心落成纪念》邮票，2001年发行《班达拉奈克国家纪念基金会成立25周年纪念》邮票，2003年发行《纪念西丽玛沃·班达拉奈克展览中心开业》邮票。

孟加拉国位于恒河和布拉马普特拉河冲积而成的三角洲上，河流纵横交错，老

◇ 中国—孟加拉国建交30周年（孟加拉国，2005）

百姓出行常要摆渡和绕行，因此，修桥是各地老百姓对政府的强烈呼吁。自1986年以来，中方帮助孟加拉国先后建成了七座大型公路桥，体现了中国人民对孟加拉国人民的深厚情谊。2005年，孟加拉国邮政总局发行纪念中孟建交30周年邮票，中方还出资为孟方印制了30万枚纪念邮票。

2013年10月，习近平主席在印度尼西亚国会发表重要演讲时提及“中国和印尼共同建设的泗水—马都拉大桥，是目前东南亚最长的跨海大桥，即将合作完成的加蒂格迪大坝灌溉面积达9万公顷，将给当地民众生产生活带来极大便利”。泗马大桥位于印度尼西亚爪哇岛马都拉海峡，是连接印尼经济最发达的爪哇岛和资源丰富但经济基础薄弱的马都拉岛的第一座跨海大桥。大桥于2005年11月开工建设，2009年6月10日建成通车。泗马大桥是中国企业将具有自主知识产权的技术输出国门的第一个大型桥梁工程技术项目，不仅带动了中国技术输出，而且带动了国产材料和设备

◯ 坦赞铁路运营30周年（坦桑尼亚，2006）

出口，同时为当地培养了技术人才，促进了当地桥梁施工技术进步，提高了中国技术在当地的影响力，成为两国经济技术合作的典范。

坦赞铁路无疑是目前为止中国对非洲最大的援助项目，铁路全长1860公里，于1970年动工，1976年完工。建成之后，极大促进了坦桑尼亚、赞比亚两国的经济发展，也对当时的非洲民族解放产生了重要的积极作用。2006年，坦桑尼亚发行坦赞铁路运营30周年纪念邮票，纪念邮票由中国人民对外友好协会赞助印制，共6枚，分别是铁路建设合作协议签字仪式、起点终点车站以及坦桑尼亚和赞比亚境内铁路桥梁的画面。

由中国交通建设集团承建的肯尼亚蒙巴萨—内罗毕标轨铁路，是东非铁路网的起始段，连接肯尼亚首都内罗毕和东非第一大港蒙巴萨港，全长480公里，设计客运时速120公里、货运时速80公里，采用中国国铁一级标准进行设计施工，是肯尼亚独立以来的最大基础设施建设项目。项目于2014年12月动工，2017年5月31日建成通车，比规划工期提前两年半。

区域基础设施互联互通离不开有效的融资合作。2013年10月，习近平主席提出筹建亚洲基础设施投资银行倡议。2014年10月24日，包括中国、印度、新加坡等在内21个首批意向创始成员国的财长和授权代表在北京签约，共同决定成立投行。2015年12月25日，亚洲基础设施投资银行正式成立。正式运行的第一年，亚投行共有57个签署国，并累计发放17.3亿美元的贷款以支持7个国家（巴基斯坦、孟加拉国、塔吉克斯坦、印度尼西亚、缅甸、阿塞拜疆和阿曼）的9个基础设施项目。

从古至今，丝绸之路都不仅仅是一条商贸之路，更是一条连接欧亚人民的文明

◯ 一带一路　共赢发展（2017）

交往之路。原中国外交部部长李肇星曾言，“文化先行是丝绸之路经济带建设中民心相通的根本保障”。“一带一路”倡议不仅是顺应世界经济全球化的伟大决策，而且是东西方文化交融的重要契机。经济发展是目标，文化发展是手段，文化是打开相知相通、合作共赢的金钥匙。

近年来，我国积极与“一带一路”沿线国家和地区签署政府间文件，深化人文合作委员会、文化联委会等合作机制，推动成立丝绸之路国际剧院联盟、丝绸之路国际图书馆联盟、丝绸之路国际博物馆联盟、丝绸之路国际美术馆联盟、丝绸之路国际艺术节联盟等，积极推进沿线国家文化艺术发展战略的相互对接，让古老的丝绸之路焕发出崭新的生机活力。同时，完善“一带一路”文化交流合作平台建设，打造以“一带一路”为主题的国际艺术节、博览会、艺术公园等国际交流合作平台，夯实了我国与沿线国家长期友好、合作共赢的文化基础。

古丝绸之路见证了“使者相望于道，商旅不绝于途”的盛况，也见证了“舶交海中，不知其数”的繁华。共建“一带一路”倡议把沿线各国人民紧密联系在一起，勾画了中国与世界各国构建人类命运共同体的美好前景。一条丝绸之路，跨越古今，贯通中外，打开了各国友好交往的窗口，也必将为人类发展进步书写新的篇章。

后　记

《邮票上的海上丝绸之路》书稿终于付梓，编写组全体人员如释重负，本书的编写过程可谓曲折艰难。

该书作为“邮票上的”系列集邮图书，早在2015年，即由福建人民出版社启动编撰，福建人民出版社与福建省集邮协会组织了精干的专家队伍组成编写小组，他们中间有集邮专家，有侨批史专家，也有文化学者和出版界专家。编写小组历时近一年，完成初稿编纂。出版社按照福建省政协文史和学习委员会的要求组成编辑小组审读书稿，对初稿框架结构提出了重大调整，与主编重新谋划写作思路，共同构思，重新确立全书结构、编订章节内容，并负责对之前初稿的部分内容进行删改录用，撰写相应内容予以增补。改定后书稿写作的具体分工详列如下：

前　言：宋晓文

第一章：许道静、林建国、田成海

第二章：许道静、田成海

第三章：宋晓文、万冬青、赖茂功、林建国、田成海

第四章：林建国、田成海

第五章：林建国、林间、田成海

第六章：宋晓文、陈稚瑶

第七章：黄清海

第八章：林间

第九章：苏文土

书稿通过挖掘有关海丝题材邮票背后的故事，叙说海上丝绸之路的形成和发展，展现中外经济、文化交流的悠久历史。书稿呈现了历史上海上丝绸之路的世界影响力，传递着中华民族与世界各民族友好交往、互惠互利、共同发展的历史传统和美好愿景，这也是我们的写作初衷。

感谢本书的顾问李近朱、张美寅先生，感谢为本书提供素材、插图的蔡钢亮、张怀林、王振宇、邹求栋、郭维鹏等诸位同好。

谨以此书献给伟大的新时代，献给在这个时代默默奉献、倾情付出、不求回报的人们。

本书编写组

2018年10月23日